陈贵安 ——— 主编

历史教师成长的精神档案

东北师范大学出版社

长 春

图书在版编目（CIP）数据

历史教师成长的精神档案 / 陈昔安主编. — 长春：
东北师范大学出版社，2020.8
ISBN 978-7-5681-7080-2

Ⅰ. ①历… Ⅱ. ①陈… Ⅲ. ①历史课—教学研究—中
小学 Ⅳ. ①G633.512

中国版本图书馆CIP数据核字（2020）第157674号

□策划创意：刘　鹏
□责任编辑：邓江英　张新宁　　□封面设计：姜　龙
□责任校对：刘彦妮　张小娅　　□责任印制：许　冰

东北师范大学出版社出版发行
长春净月经济开发区金宝街 118 号（邮政编码：130117）
电话：0431-84568115
网址：http：// www.nenup.com
北京言之凿文化发展有限公司设计部制版
北京政采印刷服务有限公司印装
北京市中关村科技园区通州园金桥科技产业基地环科中路 17 号（邮编：101102）
2022年6月第1版　2022年6月第1次印刷
幅面尺寸：170mm×240mm　印张：11.5　字数：195千

定价：45.00元

编 委 会

序言

探寻教师成长的精神密码

教师的个性不同，成长的路径也不尽相同，这一点毋庸置疑。但是教师成长有着内在的规律性，都经历过相同的心路历程，即思考、行动、反思、再行动，都在思考中探寻教育的生命，用行动唤醒专业成长的灵魂。

从初登历史教师工作岗位到成为一名成熟的专家型中学历史教师，需要一个漫长的过程。整个过程需要教师自己的努力，这种努力首先取决于教师对自身成长规律的清醒认识与把握。"师者，所以传道受业解惑也。"解惑，自己要先"获"。新课程实施给学科教师带来许多新的挑战。一个不断成长的优秀青年教师，应时时提升自己所从事的历史教学领域的学科专业知识和课程实施技能。实际上，历史教师要真正做到专业化和专门化，是需要本学科专门的知识和技能做后盾的，这是我们追求可持续性发展的预期准备。

每位历史教师的知识水平、教学能力、兴趣爱好、个性特长、发展意向以及外部环境等各不相同，因而在提倡学生多元发展的同时要提倡教师的多元发展，提倡历史教师将专业发展同自己的日常教学、研究、反思紧密结合，使之成为自己的一种专业生活方式，寻找最佳的成长途径。

做好一名历史教师，在丰富自己的知识和技能、提升自己的专业化水平的同时，还需要具备以下几点：

一是要有强烈的专业发展意识。寻求专业的良性发展，需要个体有专业发展的内在需要和动机，这是其内在发展的驱动力。没有良好的动机和爱好，再好的潜能可能也是不会发生的。因此，教师要有一种追求专业成长发展的良好意识。比如在多媒体教学中，动画更容易被学生接受。为了更好地让学生体验其中的乐趣，教师要努力设计这方面的内容，学习这方面的技术，其实这就是专业化意识。有了这个意识，教师就会发挥自身的主观能动性，寻求突破的可能，寻找努力的方向。

二是需要建立全球历史观。在中学阶段，很少有学科能像历史学科这样让学生放眼世界，隐性地提示历史教师要具有一定的全球视野，这是把历史教得生动有趣的必要准备。同时，对于本地、本国、本民族的历史文化，要具有丰富独到的认识。正因为如此，历史教师的专业成长埋下了良好的伏笔：要立足于国际视野思考解决历史问题，培养学生在大教育观的视角下解决实际问题的思路和能力，这也是彰显历史学科特有魔力的地方。因此，历史教师寻求专业成长应具有广阔的视野和具有地方特色的有效行动意识。

三是要有生命和未来意识。历史是一门传授历史知识与智慧、引导学生成长、为学生人生奠基、服务学生人生发展的课程。因此，我将历史这门课程称之为"生命历史，服务人生"的特殊课程。教师应着眼于学生的未来发展，未来是什么样子的呢？其基本发展趋势如何，教师不得不为学生认真考虑。这不仅是为学生未来的长足发展着想，为学生的人生发展服务，为祖国的繁荣兴旺服务，也是教师自身专业有效成长所必需的。教师的专业成长就是这样一个不断靠近理想并实现理想的过程，是一个长期乃至终生奋斗的过程。在这里，不会有一劳永逸的专业成长结果，教师必须在变动不居的未来形势中不断寻找平衡点和突破口。

作为一名教师，其教学思想主要体现在教育观念上，包括对教学、学生、自身、教育质量等一系列的看法，并在其教学行为中反映出来，这是通过学习、实践、自身素质、集体影响、环境培养等多方面因素形成和发展的。因此，要想成为一名优秀的历史教师，还需在历史教育的舞台上不断创新，不断发展，逐步形成具有自己特色的历史教育主张和教学实践。

为此，本书将依据教师专业化发展理论、认知弹性理论、现实主义教师教育、学科教育的价值理论等，采取行动研究、叙事研究、个案研究等研究方法，通过教师立足课堂和自身实际发现问题、积极探索，不断改进"以研代训"的行动研修模式，提高教师教学反思和行为改进的能力，促进教师的专业发展和师生的共同成长。在此过程中，如何唤醒教师成长的灵魂，彰显教师发展的精神，为历史教师的专业成长积累经验、提供借鉴，是出版本书的初衷。

　　本书以不同文体形式展现教师成长的内心自白，描述教师研究的行动过程，记录教师日常的心灵故事。通过读书日记、教学故事、教研故事、教学反思、听课评课、研学心得、研究论文等，展现教师的阅读史、研究史和个人精神成长史，展现教师用心灵的眼睛看教育，在思考中探寻教育的生命，用行动唤醒专业成长的灵魂。

　　这应该是一位优秀教师成长的精神密码。

陈昔安

2019年4月于深圳翰林

前言

　　2012年7月，广东省教育厅授牌成立陈昔安名师工作室，重点承担各类"省培计划"骨干教师、"培养对象"、工作室成员和网络学员的培训和指导工作，帮助教师提升道德素养、教育理论水平、教学科研能力，培养他们成为本地区的历史教学骨干，为广东省历史教育做出应有的贡献。在广东省教育厅组织的"第二批"（2012—2015）、"新一批"（2015—2017）两个周期的名师工作室考核中，陈昔安名师工作室成为唯一连续两期荣获"优秀工作室""优秀主持人"称号的省级历史名师工作室，并于2018年再次获颁"新一轮"（2018—2020）广东省名师工作室。

　　梧桐茂兮，凤凰来栖。2018年4月10日，"新一轮"（2018—2020）广东省中小学名教师、名校（园）长工作室启动仪式暨主持人培训动员会在华南师范大学顺利召开后，陈昔安老师便及早规划工作室三年建设工作方案和培养对象的遴选事宜。根据省教育厅下达的工作室学员选派条件及名额分配，采取公开、公平、择优的方式，经由学员申报、学校推荐、工作室主持人会同团队成员审阅材料或面试、面谈等方式，初步确定了学员录用名单，然后报市区教育局和省教育厅逐级审定等一系列程序，来自深圳、汕尾、河源三地的十位教师脱颖而出，成为培养对象，加入陈昔安名师工作室学习共同体。

　　大道至简，实干为要。2018年9月12日，陈昔安名师工作室"省培计划"广东省乡村中小学骨干教师示范培训跟岗学习开班。工作室紧锣密鼓地对培养对象、跟岗教师进行为期十天的专项培训，并开展主题式说课比赛，三年研培之旅由此起航。为充分发挥工作室团队的传帮带作用，加速工作室培养对象的成长，推动工作室全体成员的专业发展，工作室主持人、骨干成员和培养对象于11月1日在深圳市福田区翰林实验学校举行隆重的拜师仪式，构建"主持人+助教+培养对象"的新型学习共同体。陈昔安老师详细解读培养工作方案，任务明晰，要求严格。11月23—27日，全体培养对象在工作室主持人陈昔安老师的带领下，前往重庆参加全国中小学课堂管理创新与教学方式变革的主题研讨学习。按照陈昔安老师"倾听思想理念，转变自己观念；参与专家论道，树立教育理想；了解教育前沿，打开教研视野；参考模式策略，优化创新教学"的学习要求，大家积极参与，收获满满。12月4—8日，为了提高教学科研水平，完善专业发展规划，工作室全体培养对象赴华南师范大学参加广东省2018年名师工作室入室学员培训。5天的集中研修，大家积极学习，打破思维定式，在家校合作、教学效率提升、中考备考、课题研究等方面进一步转变观念，收获了很多教育前沿知识，打开了教研视野，树立了成为名师的专业发展目标。12月11日，培养对象观摩学习了陈昔安老师的示范课《大潮涌动和风起——日本历史上的重大改革与振兴》，结合工作室正在开展的深圳市"十三五"教育规划课题"发展初中生历史时空观核心素养教学策略研究"进行教学研讨。12月29日，培养对象聆听了陈昔安老师的专题讲座《天道酬勤，成就梦想——我的成长精神档案》，使培养对象对其了解更加深入，对他的不懈追求和骄人业绩深表感佩，并利用寒假撰写各自的读书感悟，明确发展目标。

知之愈明，则行愈笃。新学期伊始，广东省陈昔安名师工作室于2019年3月7日在深圳市福田区翰林实验学校开展了第一次培训研修活动。工作室主持人陈昔安老师从历史课程与教学理论、历史教育与课堂教学、历史教学设计及要素、教学设计案例分析、工作室部分优秀教学设计案例分享五大方面，做了《基于学科教学知识的初中历史教学设计及教学案例分享》的讲座，开阔了培养对象的宏观视域，丰厚了教学设计的微观策略。2019年3月，根据工作室《开展"发展初中生历史时空观核心素养教学策略研究"主题为课征集评选通知》的要求，工作室成员、研修人员及学员积极参与微课制作。经过组织评选，评出特等奖1名、一等奖12名、二等奖7名，全部上传至广东省教育资源公共服务平台（陈昔安名师工作室）。4月2日—3日，工作室在深圳市福田区翰林实验学校开展"发展初中生历史时空观念核心素养的教学策略研究"课题，研究课堂教学展示活动，十位培养对象在主持人、助教的指导下，分别在初中三个年级开展同课异构活动，呈现研修成果。

学思践悟，知行合一。短短一个多学期，工作室主持人陈昔安老师举办了四次专题讲座，呈现了一次示范课，金针度人；培养对象两次外出研修学习，开阔视域；工作室开展一次说课比赛、一次教学设计比赛、一次教学比赛，撰写一篇课题研究论文，学以致用；举行"寒假阅读专著，撰写读书感悟"活动，砥砺笃行。工作室组织全体培养对象频繁地研训切磋，虔诚地求真向学，生成了岁物丰成的一年。

目 录

第一章

培养对象，再度起航

第二章

制定规划，明确方向

第三章

深度对话，启迪心灵

第四章

研修学习，扩大视野

第五章

课题研究，促进发展

第一章
培养对象，再度起航

经过学员申报、学校推荐、工作室考评、市区教育局审定、省教育厅备案，"新一轮"（2018—2020）广东省陈昔安名师工作室遴选出十位培养对象，组成研修共同体。他们年龄不尽相同，成长阶段各异，但渴盼进步的殷切之心相同，教育教学的科研潜质可期。

凡是过往，皆为序章。在工作室三年的培养周期里，十位培养对象怀抱梦想，开启新的航程。

培养对象：深圳市光明区高级中学　李佳博

姓　名	
李佳博	
所在学校	
深圳市光明区高级中学	
从教年限	
5年	

自我简介

2011年9月，我毕业于哈尔滨师范大学社会与历史学院历史系，本科学历，期间获得1次国家励志奖学金、2次校级奖学金。

2014年7月，我毕业于吉林大学古籍研究所，研究方向为中国古代史秦汉魏晋南北朝，获硕士学位，期间获得3次吉林大学研究生基础奖学金。我的毕业论文《北魏国家丧葬赏赐考略》被评为优秀毕业论文。

我的专业技能证书有国家英语六级、国家计算机二级和普通话二级甲等。

2014年8月至今，我在深圳市光明区高级中学从教，并担任史政科组长。

从教以来，我追求教学形式的丰富性和趣味性，注重培养学生的学习意识和习惯，启发学生的求知欲，所带班级历史成绩在历次区统考中均位居第一。在担任班主任期间，我强化班级团队意识，协助学生完成角色认知并适应寄宿制群体生活，帮助其解决生活困惑，使他们能够更好地聚焦学习。

工作期间所获荣誉有：

2014年，荣获"光明区高级中学青年教师演讲比赛"一等奖。

2014年，所带班级荣获2014—2015学年广播比赛一等奖。

2016年，荣获"光明区中考模拟试题命题比赛"二等奖。

2016年，荣获"光明区高级中学初中部教学常规评比"优秀教案奖。

2018年，荣获"光明区中学教师基本技能大赛"三等奖。

2018年，担任市级课题《初中寄宿制学校父母陪伴的缺失对学生的心理影响》指导教师。

2018年，荣获"广东省陈昔安名师工作室2018-2020年'培养对象'初中历史主题式说课比赛"一等奖。

2018年，荣获"广东省陈昔安名师工作室2018年发展初中生历史时空观念核心素养的教学策略研究教学论文评比"一等奖。

2018年，荣获"广东省陈昔安名师工作室2018年发展初中生历史时空观念核心素养的教学策略研究教学设计评比"一等奖。

2018年，参与撰写深圳市教育科学"十三五"规划课题《发展初中生历史时空观念核心素养的教学策略研究》结题报告。

2019年，担任《初中历史学科时空观念核心素养培养研究》编委。

拙笔定思。五年前的今日，吾将毕业，乃一青葱少年。转眼五年韶华已逝，回望五年教师路，吾不改初心，不忘来路。望吾拥清醒独立之认知，探索自身多种可能性，不断发掘自我潜能，找准事业发展方向。吾时常告诫自己，人生苦短，唯梦想不可辜负，寻梦路上要有坚持不懈的毅力，更不失逆境穿行的勇气。凡心所向，素履亦可往。生如逆旅，一苇亦可航。虽值风华正茂、中流击水、浪遏飞舟之时，却拥千帆阅尽之容，处诗意栖居之态。懂得与清风为伴，邀明月为友；懂得为落日执镜，见她羞落一江霞色；懂得为弦月执钩，帮她网一江星斗。对学生，吾有三点期许：第一，希望他们肩负追求卓越、勇立潮头的使命。"无冥冥之志者无昭昭之明，无惛惛之事者无赫赫之功。"希望学生读书不仅是为了升学，应当树立远大的目标，放眼更广阔的舞台，忌将"为中华崛起而读书"置于口号之中。第二，希望学生养成求于至精、臻于至善的习惯。老子说："天下大事，必作于细。"远大的目标需要切实的行动才能得以实现。正如"以匠人之心，追求技艺的极致"的工匠精神，决定一个人高度的是把一件事情做到极致的能力。万事皆不完美，但这正是我们不断追求尽善尽美的不竭动力，唯有如此才能成为强者！第三，希望学生坚定乘风破浪、迎难而上的信念。正如培根所说："顺境的美德是节制，逆境的美德是坚韧。"后者才是较为伟大的品德，战胜困难的能力决定了一个人能走多远。无论一个人多么优秀，在高手云集的社会，都会遇到在某些方面更优秀的同伴。"莫听穿林打叶声，何妨吟啸且徐行。"希望学生能用正确的心态面对今后的挫折：有风有雨是常态，风雨无阻是心态，风雨兼程是状态。须知即使行到水穷处，也可坐看云起时。愿岁月更迭，学生依旧初心不改，多年以后回望来路，仍怀拳拳赤子之心。

培养对象：深圳市南山外国语学校（集团）文华学校 刘栋梁

👤 **姓 名**
刘栋梁

🏫 **所在学校**
深圳市南山外国语学校（集团）文华学校

📅 **从教年限**
9年

👤 自我简介

2003年，我来到美丽的北国春城，就读于东北师范大学。在四年的大学时光里，我除了学习历史学专业，还利用闲暇时间进行计算机专业的学习，并于2006年拿到了计算机理学学位。2007年，我继续研究生的学习。2010年，我于东北师范大学历史学研究生毕业后，到深圳市南山外国语学校任教，历任历史教师、班主任、年级长、团委副书记、德育处负责人和团委书记。2011年，从教刚满一年的我代表南山区荣获"广东省历史与社会教学基本功大赛"二等奖。从2010年至今，我坚持每年参与或主持一项教育类课题研究。参与了《〈历史与社会〉课程与社区建设相结合的教学模式探讨》《大陆与台湾中学历史与社会教材比较研究》《卓越课堂的网络基础教学平台构建研究》《四点半课程信息化管理平台探索》等课题，也主持过《〈历史与社会〉课程教学与公民素质培养》等课题。2017年4月，我开始分管学校党务。2018年，我所在的党组织被评为"南山区优秀基层党组织"。2018年5月，我荣获"深圳市优秀共青团干部""南外集团十佳青年教师"等荣誉称号。这些荣誉的取得离不开学校领导的大力支持、同事们的配合，也离不开工作室陈昔安老师、李念老师对我的指导和工作室段昆伦老师、李佳博老师、严慧君老师对我的帮助。

我之前的教学风格比较天马行空，没有固定的模式。进入陈昔安老师的工作室学习之后，我逐渐意识到，做一名优秀的历史教师，要学会根据不同的教学内容进行适当的调整，要生动、有趣、高效而又正能量地教学。在工作室陈昔安老师的指导下，通过对日常教学风格的反思，我确立了自己的努力方向，即在训练学生时空思维的前提下，巧妙地创设历史情境，引导学生在情境中感受历史、思考历史、感悟历史。相信在陈昔安老师、李念老师的指导下，在工作室同人的帮助下，我将在接下来的学习中取得更大的进步。

在工作室学习的时间里，在陈昔安老师的指导下，我逐步改进了自己的教育教学理念。现在，我的教育教学理念是做最精致的历史教师，设计最精心的历史课程，引导学生做最好的自己，成就学生最精彩的人生。首先是做最精致的历史教师，要基本功扎实，做学生喜欢的历史教师，只有这样，学生才愿意上历史课，才能有兴趣学好历史。其次是设计最精心的历史课程，引导学生做最好的自己。例如在工作室陈昔安老师的指导下，我尝试开发了历史类的校本课程《中国地缘政治分析与展望》《国际经济秩序分析与思考》，期待通过此类课程激发学生的家国情怀，明确自己人生努力的方向。精致的历史教师会通过精心的历史课程，让学生不仅在历史知识上有所收获，更会引发其对人生的深入思考，引导学生做最好的自己。最后是能通过精彩的历史课程，引导学生总结历史经验教训，为以后人生道路的选择提供历史的借鉴，成就学生的精彩人生，使学生成为自己生命的主宰。

我非常珍惜在工作室学习与生活的机会，希望通过三年的努力，在陈昔安老师、李念老师的指导下，在工作室同人的帮助下，成为一名学科名师，把最精致的历史课程和相关历史类的校本课程奉献给学生，希望对他们的成长有所帮助。

培养对象：深圳明德实验学校　付华敏

👤 姓　名

付华敏

👤 所在学校

深圳明德实验学校

👤 从教年限

6年

👤 自我简介

2009年，我毕业于中山大学人类学系考古学专业，获历史学学士学位。2013年，我毕业于北京师范大学历史学院，获教育硕士学位，研究生期间在日本东京学艺大学交换留学。2013年8月，我正式参加工作，在北京师范大学克拉玛依附属学校任职，之后四年一直担任高中历史教学（含一轮毕业班）及班主任工作。2014年12月，我获评中学一级教师的职称。2015—2017年间，我担任学校历史学科组的教研组长。

在新疆工作的四年，是我教师职业生涯的起点，我的教学水平和教研能力稳步提高，获得的主要荣誉有：

2015年11月，在新疆中学生"爱祖国、爱新疆，民族团结一家亲"历史知识竞赛中获指导教师一等奖。

2015年12月，在新疆维吾尔自治区中小学优质课展评活动中，我执教的《新航路开辟》一课获三等奖。

2016年6月，我主持的克拉玛依市级课题《通篇史料教学法初探》顺利结题。

2016年6月，我主持的清华大学教育研究院课题《立德树人背景下的高中自主型班级管理》成功立项。

2016年6月，我参与的自治区级课题《历史评价中应谨慎运用"一分为二"分析法》顺利结题。

2017年1月，我被评为北师大克拉玛依附校2016年校园系列奖"优秀教研组长"。

2017年8月，我执教的《通篇史料教学法初探——以<开辟新航路>一课为教学实验》在2017年新疆中学历史教学论文评比中获一等奖。

出于家庭和个人发展的考虑，2017年夏天，我应聘到深圳明德实验学校工作，开始了我工作至今的第二段职业生涯。在学校，我一直担任初中历史教师和主任导师的工作，还负责组织策划初中部学生的社会实践，开创了独特的《初级日语》和《历史项目式学习》拓展课。在这一年多的时间里，我所带班级获得"文明班"称号，所教学生的平均成绩一直在福田区名列前茅。此外，我积极参加深圳市与福田区的教研活动和课题申报。2018年，我有幸加入广东省陈昔安名师工作室，平台及同行教师极大地促进了我的教师专业发展。2017年10月，我主持的2017年深圳市中小学生探究性小课题《口述史中的深圳历史变迁》顺利结题。2018年，我参与的课题《基于STEM实践的历史项目式学习研究》被确立为福田区教科院的重点课题，还参与了深圳市教育科学规划2017年度推广应用课题《批判性思维在历史教学中的实践研究》。此外，我有三篇文章发表在核心期刊上：2018年7月，在《中学历史教学》上发表了《部编版初中历史教学中"家国情怀"核心素养的落实——以部编版八（上）旧民主主义革命复习课为例》；2019年1月，在《中学历史教学》上发表了《在常规历史教学中开展项目式学习——历史学科核心素养培养的新探索》；2019年2月，在《广东教育·综合》上发表了《善行课程的探索与实践》。

我在日常教学中吸取前沿理论，不断实践探索，在一线课堂开展了"问题导向+翻转课堂"教学模式和项目式学习的教学实践，深得家长和学生的信赖。我勇于带领学生一起探索创新，逐步形成了自己的教学风格。从教以来，我的教育理念一直是：学生的全面发展才是教师职业的最大价值所在，教师的不断自我进步才是教师职业长青的依据。我希望自己逐渐成长为专家型教师，在历史教学的专业领域和班主任工作的教育领域都有所发展。

愿不忘初心，砥砺前行！

培养对象：华南师大附中汕尾学校　李相楠

姓　名

李相楠

所在学校

华南师大附中汕尾学校

从教年限

5年

自我简介

我2013年毕业于安徽师范大学，历史学硕士，中学历史一级教师。从教以来，我多次参加校级课题研究，并在各级教学论文评选活动中获得奖项，有完整的初中循环教学和三年的毕业班经验。所带学生多次在中考中取得优异的历史成绩，其中蔡岱臻、陈奕彰分别在2016、2018年中考中获得全市中考状元，阙粤、李冠奕在2018年中考中夺得全市历史单科状元。工作期间，我先后被评为2014—2015学年度学校"德育工作积极分子"、2015—2016年度学校"德育工作积极分子"、2015—2016学年度学校"工作积极分子"、2016—2017学年度学校"工作积极分子"、2017—2018学年度学校"德育工作积极分子"。2014年获"教师成长及专业发展"科研论文评选活动一等奖，2015年获汕尾市教育教学论文评选活动三等奖，2016年获汕尾市教育教学论文评选活动三等奖，2018年获校级优质课比赛三等奖。

在教学方面，我注重学生历史知识框架的构建和对中西方历史的对比，主张用学生易于接受的方式讲课，注意历史与现实的结合，发掘历史的细节，增加历史课堂的趣味性，相信历史教育的目的是培养学生独立思考的能力，让学生在关键时刻能够做出正确的选择。丰富的史料是很好的德育材料，在担任班主任期间，我经常借用历史事件引导学生树立正确的世界观、价值观、人生观。在中考备考方面，我注意掌握历史中考考点及命题规律与方向，善于培养学生的历史线索意识和史料分析意识，重视课本和习题的重要性，主张学生精读课本、跳出习题，总结适合自己的做题技巧。并能因材施教，针对不同学生的特点找到突破口，让学生喜欢历史，进而提升历史学习能力。不同年级学生有不同的年龄特征，也有不同的教学策略。在具体的教学过程中，我注意做出相应的教学调整，力争提高教学效率。给初一学生讲授中国古代史时，我善用视频、图片史料，多用故事教学；给初二学生讲授中国近现代史时，我适时加入家国情怀和价值观引导，并有意识地培养学生归纳提取信息的能力；给初三学生讲授世界史时，我注重培养学生的全球史观和分析历史事件的能力。

培养对象：深圳市福田区上沙中学 段昆伦

姓 名
段昆伦

所在学校
深圳市福田区上沙中学

从教年限
14年

自我简介

大学毕业后，我曾供职过机关、履职过企业，云卷云舒，阅历渐丰。届四十不惑，转身投入教育事业。从教14年来，悦纳莘莘学子，和上沙中学同仁得英才而育之，前有清华学子刘婷婷，今有中考翘楚、阅读达人郭晓燕；秉持全人教育情怀，优化学习方式，探索班级分层教学和养成教育，使莘莘学子学有所成；记述教育感悟，总结教学经验，勤耕不辍，发表及获奖论文三十余篇。

我对理论居敬持志，以教研促进教学，曾参与或主持五个省市区级课题，未敢稍懈：作为核心成员参与福田区课题《初中生文科类学习方式优化策略研究》（2010年12月结题）和《中学生历史与社会学科学习方式转变实践研究》（2013年9月结题）；主持区级课题《深圳城中村薄弱初中班级分层教学的对策研究》（2015年12月结题）；作为行政负责人参与区级课题《开展公民教育培养中学生责任感的行动研究》（2017年12月结题）；作为核心成员参与省级课题《中小学合作学习的理论与实践研究》（2018年6月结题）。

物化研究成果，参与出版四部专著：在福田区历史与社会教研员孙立秋老师的课题专著《生本课堂是怎样炼成的》中任副主编；在艾巧校长主编的教育教研专著《且行且思》中任执行主编；在深圳市张玉彬教育科研专家工作室主持人张玉彬老师主编的《合作学习的理论与实践》中任副主编；在张玉彬老师主编的课题专著《中小学生如何学会合作》中任编委。

区域辐射，做五次学术讲座：2016年5月，分别给顺德区北滘镇教师、湘潭市教师做《高效自主课堂构建策略》讲座；2016年11月，应广东第二师范学院邀请，为汕头市历史名师培训班做《培养初中生历史学科核心素养》讲座；2017年10月，应广东第二师范学院邀请，做《基于自主学习的高效课堂构建》讲座；2018年4月在江西永丰恩江中学为永丰县中小学主管教学副校长、教科室主任、教师代表做《核心素养理念下自主与合作高效课堂构建策略》的报告。

作为教科室主任，我忠于职守，积极开展校本研修。上沙中学自开办以来，以课堂"教与学方式转变"研究为重点，以促进教师专业发展与学生个性发展为目标，搭建教研平台，组织开展全校性的"两杯一培一日"教学研讨活动，坚持开展"上青蓝下红烛"教学竞赛，磨练教师业务技能；召开年度教育教学教研培训，形成教研活动筹备、组织、实施、总结提升的回链；开展"教学开放日"活动，扩大教育教学开放度，给全体教师提供研究、落实、反思、提高新教育技能的平台。2017—2018学年度，学校开始探索开展"学科核心素养引领教学"优质课竞赛，力图乘课改深化的东风，促进学校教育教学水平的提升。多年来，我潜心开发校本课程，《观鸟》《阳光体育》《剪纸》被遴选为深圳市"好课程"；参与学校管理，为学校发展殚精竭虑，被福田区教育局评为2017年"十佳中层干部"。

精进无有息时，树人唯恐或倦。在新的节点，殷冀在广东省陈昔安名师工作室沐浴研修的指导，找到教研的主线，得到专业的提升，厚植人生的积淀，为自己的教育教研生涯汲取教育理论的滋养，追寻教育技能的恰切，丰盈教育教学的智慧，慰藉教学相长的夙愿。

培养对象：深圳市盐田区实验学校　刘延微

👤 **姓　名**

刘延微

👤 **所在学校**

深圳市盐田区实验学校

👤 **从教年限**

13年

👤 **自我简介**

我2006年毕业于吉林省延边大学历史学专业，本科双学士学位，现任深圳市盐田区实验学校历史科组长。从教13年来，我一直从事历史教学工作，积累了丰富的中考备考经验，所教班级成绩一直名列前茅，个人多次被评为"优秀教师"，并于2018年被评为"盐田区第八届中青年骨干教师"。

从教以来，我初步形成了自己的教学风格，在上课过程中做到深入浅出、条理清晰，让学生不仅学到知识，更能锻炼思维，培养学生独立思考问题的能力。在以前的教学过程中，我和学生在平等、协作、和谐的氛围下进行双向交流，亲切自然，娓娓道来；在以后的教学过程中，我力求让自己的教学更加充满生命力，幽默风趣，充分提高学生学习的积极性，发挥学生学习的主体性。

夸美纽斯说："老师是太阳底下最崇高的职业。"正因为如此，我十年如一日地严格要求自己做一名德才兼备的好老师。在班主任工作方面，我公平地对待每一名学生，为他们的成长负责，经常和学生沟通交流，师生关系和谐友好；在教学方面，我阅读教育理论书籍，让自己的教学更有深度，多听课，多和同行交流，取人之长，补己之短，提高自己的教学技能和创新能力。教书育人是我人生的选择，也是我一生的追求。

没有好的教师，就没有好的教育。历史教育的发展关键就是历史教师的专业性发展，专业发展的第一步就是加强教育教学理论的学习，提高教师的教育教学能力。首先，每月坚持阅读《中学历史教学参考》等历史专业期刊；每周登录网站浏览教育前沿成果，理解核心素养；每天阅读历史学家的精彩论著；每学期在理论和教学的支撑下，写关于历史教学方面的论文，不断提高自己的科研能力。其次，主动向身边的名师学习，积极参加市区组织的课堂观摩、研讨交流活动，丰富知识，增长才干，释疑解惑，获得发展。最后，我将自觉实施自主发展规划纲要，做好各项工作，将学习和教育教学有机结合起来，在学习中进步，在工作中反思。

加入陈昔安名师工作室以来，在陈昔安老师的教导下，我学到了很多。在教育上，要走进学生的心灵，把学生装进心里，公平地对待每一名学生；在教学上，树立终身学习的理念，多阅读教育理论，创新教学方式方法，形成自己独特的教学风格，教学设计遵循一定的格式，按照课程标准进行教学设计，在教学过程中落实历史学科素养；在工作中，永远以积极乐观的心态去面对，让自己不断进步。总之，加入工作室一年多以来，我受益匪浅，未来将继续以饱满的热情和积极的心态迎接工作和生活中的挑战。

培养对象：深圳市龙岗区石芽岭学校　严慧君

🐧 **姓　名**

严慧君

🐧 **所在学校**

深圳市龙岗区石芽岭学校

🐧 **从教年限**

12年

🐧 **自我简介**

我叫严慧君，是一名中学历史教师。做老师是我从小的梦想，从事的职业也是我喜欢的职业，我觉得很幸运，也觉得很幸福。一路走来，我倍感珍惜。办公室的同事常常说："严姐姐，好羡慕你，学生都好喜欢你，又很尊敬你，真是对你又爱又'恨'啊！"每当听到她们这样说的时候，我就会想起自己刚毕业时的样子：青涩、茫然，但勤奋、好学。面对学生一无所知的我，只能凭借自己年轻、精力旺盛的优势，每日勤快地向资深教师请教，虚心学习。管理班级遇到困惑就找书看，边学习边实践。

时光不会辜负任何一个努力的人，对我也不例外。我的努力开始有了收获。有荣誉："优秀教师""优秀班主任""先进教育工作者""优秀德育工作者""安全先进个人"等；有成绩："教学成绩突出奖"等；有成长：学校青年教师基本功大赛模拟上课一等奖、深圳市观澜中学说课比赛全校第一名、广东省陈昔安名师工作室主题式说课比赛一等奖和主题式教学设计一等奖等；有认可：我的努力得到了学生的认可，这是我最大的快乐。当然，家长和学校的认可是我一直努力不可缺少的动力。在学校，我先后担任了备课组长、科组长和级长等，每一个岗位我都用心耕耘，静待花开。转折出现在我评上"龙岗区历史骨干教师"和"龙岗区优秀班主任"之后，我感觉到自己跟同行的差距，更重要的是我发现自己已经到了职业的重要转折期。我需要把班主任工作做得更好、更专业，于是我走进了心理学课堂，参加了心理学课程的学习，考取了国家二级心理咨询师从业资格证，并参与了龙岗区幸福家庭讲师的系列课程的开发与学习。这段时间的学习是我非常宝贵的起点，让我发现自己每天面对的不仅仅是几十名学生，更是几十个家庭。而做好这一工作，是没有终点却又意义深远的，我愿努力做得更好。

从教十二年来，我庆幸自己一直奋斗在深圳教育这片沃土上，始终把教育的核心——"人"放在首位，工作中一直秉着"晓之以理、动之以情、示之以范、导之以行、持之以恒"的作风。我的教学风格比较独特，教育教学能力较突出，课堂幽默风趣、张弛有度、严慈相济，让学生又爱又敬。我喜欢把自己遇到的教学问题变成自己研究的课题，比如面对学生感觉历史课堂比较枯燥的情况，我跟科组同事一起商量对策，并申报了《巧用历史小故事提高初中历史教学趣味性的实践研究》这一课题进行探索；我喜欢把自己的所思所想变成文字，于是参与了陈昔安老师编写的《我的教师梦——历史教师成长叙事》一书，看到自己的个人成长叙事《心弦上痴情的精致》录入其中，欣喜之外又激励自己；我也喜欢跟同行们一同探索、探究教学的奥秘，于是在深圳市历史名师王双燕老师的带领下，我参与编写了《智慧人生》《中学历史故事新编》《历史思维天地》等书。苏联伟大的教育学家苏霍姆林斯基说："在每个孩子心中最隐秘的一角，都有一根独特的琴弦，拨动它就会发出特有的声音，要使孩子的心同我讲的话发生共鸣，我自身就需要同孩子的心弦对准音调。"和每一名学生独特的琴弦对准音调，不是一次考试、一次班会、一次研究就可以解决的，需要我们用一颗敏感的心去聆听和调试。在教育的过程中，面对不同学生的心灵世界，教师要对自己心中琴弦的不断调试才能和学生产生心灵的共鸣，教育的目的才能在这样的过程中得以实现。而我，期待成为一名优秀的学生心灵"调琴师"。

培养对象：河源市第二中学　彭君红

👤 **姓　名**

彭君红

👤 **所在学校**

河源市第二中学

👤 **从教年限**

23年

👤 自我简介

　　怀揣着教书育人的梦想，我于1996年7月走出广东老隆师范学校，踏上为人师表之旅，在河源市龙川县鹤市中学成为一名光荣的人民教师，主要担任初中历史教学工作。2004年9月，我调至河源市第二中学任教。我边教边学，于2005年7月获得中央广播电视大学函授本科文凭。从教以来，我多次获得"教学成绩突出奖"。在搞好教育教学工作的同时，我还积极参与教育教研活动。近年来，我多次承担市级研讨公开课，教学效果良好，获得同行的一致好评。2015年，我参与学校组织的《自主学习课堂教学模式构建研究》省级课题研讨并已顺利结题。2017年4月，我参加"河源市初中历史课堂教学大赛市直选拔赛"，并荣获二等奖。从教以来，多次获得校级"优秀班主任"和"十佳班主任"称号。

　　在教学中，我注重因材施教，注重对学生的知识传授与能力培养，着力培养学生合作交流、自主探究和创新思维的能力，激发学生的学习兴趣和求知欲，关注学生的情感态度和价值观，注意发掘历史学科的德育因素，对学生进行德育渗透。作为一名教师，我始终秉承"教书育人，为人师表"的宗旨，把成为学者型教师作为自己的奋斗目标。在未来的日子里，我将坚持终身学习的理念，不断学习，努力提高自己的专业素养，严谨治学，做一名专业过硬的历史教师。

"专心致志，尽我所能，真诚关心和爱护学生，用心教育每一名学生。"今后，我将继续秉承这一理念，孜孜以求，诲人不倦。

培养对象：深圳市龙岗区外国语学校　葛秀伟

👤 **姓　名**
葛秀伟

👤 **所在学校**
深圳市龙岗区外国语学校

👤 **从教年限**
8年

👤 **自我简介**

　　我叫葛秀伟，是一名中学历史教师，1988年出生在历史文化名城——山西大同，仿佛一出生就和历史结下了不解之缘。2011年6月，我毕业于教育部直属师范大学——西南大学历史师范专业。怀揣着一颗对教育的赤诚之心，我来到深圳市坪山区坪山实验学校工作。在此期间，我曾担任学校的团委书记和德育副主任，多次组织学生开展德育活动。2013年与2015年，我先后两次被评为坪山区"优秀共青团干部"。2018年5月，我被坪山区政府评为"优秀党务工作者"。2018年9月，我调到深圳市龙岗区外国语学校工作。现担任七年级历史教师及班主任，并有幸被评为"龙岗区骨干班主任"。从教以来，我一直积极追求专业发展。2018年，我先后参加了龙岗区青年教师基本功大赛和深圳市青年教师基本功大赛，分别获得区级一等奖和市级二等奖。

　　随着教龄的增长，我感觉自己的专业发展和教育教学遇到了瓶颈。为了寻求自我突破，2018年，我积极争取成为广东省陈昔安名师工作室"省培计划"2018—2020培养对象之一。加入工作室后，我的专业发展有了更好的学习平台，每次聆听陈昔安老师的专业培训讲座都让我受益匪浅。在工作室中，我遇到了许许多多优秀的历史教师，我们的智慧在一起碰撞，良好的学习氛围给了我们前进的力量。

美国心理学家罗杰斯认为："成功的教学依赖于一种真诚的理解和互相信任的师生关系，依赖于一种和谐、安全的师生关系。"在八年的教育教学生涯中，我深知只有和谐的师生关系，教育教学才能更好地发挥作用。对待学生，我坚持用三种镜子，即放大镜、反光镜、显微镜。放大镜充分发掘学生的闪光点，让学生找到自信；反光镜帮助学生改正缺点，引导学生做更好的自己；显微镜彰显学生的个性，尊重学生的人格。在班主任工作中，我积极培养班级学生的自我管理能力，为班级的每一名学生提供机会展现自我。在班级管理中不是单纯看分数，而是更加注重学生人格的塑造和综合能力的培养。在历史教学中，我注重培养学生对历史学科的学习兴趣，组织学生开展课堂分享历史故事、课堂小辩论、表演历史剧、参观历史博物馆、进行历史小课题研究等活动。丰富多彩的课内课外历史活动让学生近距离地感受历史，从而爱上历史这门学科。我希望历史课不仅仅是历史知识的学习，更希望学生能够在历史的海洋中学习到为人处世的智慧，成为拥有世界眼光的合格公民。

培养对象：深圳市福田区外国语学校　赖映初

姓　名
赖映初

所在学校
深圳市福田区外国语学校

从教年限
9年

自我简介

　　我有丰富的班主任工作经验，工作至今已带五届初三毕业班，成绩斐然，历年中考A+和A的人数比率均名列前茅。期间，我多次在省、市、区的教师教育教学技能大赛中斩获佳绩，2014年被评为"深圳市福田区教育系统优秀共产党员"，2015年荣获"福田区教育系统先进个人"称号。作为学校的"星级青年教师"，我目前担任学校初一年级的历史学科教学工作，任初一历史学科组长，发表学术论文两篇、教学论文一篇。2018年，我成为广东省陈昔安名师工作室"省培计划"2018—2020培养对象之一。

　　从教九年，我已初步形成"突出思辨，平实而有味"的教学风格。一方面，我认为教与学均是习得性过程，知识的系统性与手段的适用性相结合方得始终。兴趣是学的催化剂，最好的教是"激趣"。另一方面，我在课堂教学上能做到准确把握学情，选取及整合材料，深入浅出，突出主题，达到良好的评价反馈效果。即便已有多年教学经验，我依然保有旺盛的求知欲和良好的思想延展性，谦虚谨慎，接受智慧的冲击，也慢慢沉淀，教育理念和教学思想的雏形初现。"让自己先成为爱学习的人，然后让学生爱上学习。"教育首在育人，社会学科重在思考辩证。在这样的教育理念的指引下，我的教学过程侧重于学生的"学"，立足于学生的理解水平设置课堂目标，为学生的掌握设计方法策略，把学生的思考及体验放在重要的位置。

对于自己的专业成长及职业发展，我有清晰的方向与设计。要把学生的教育和福祉具象为个人的责任感和道德感意识，严格且持续不断地研究，获得并维持专业知识和专门技能。苏霍姆林斯基曾说，教师的教育素养取决于"读书，读书，再读书"。鉴于此，我要保持自己的优势，走出去学习、静下心来学习、展示性学习。在教研方面，借助平台，同行相习，学科联动，加强阅读及总结，勤观察、勤思考、勤动笔。

第二章
制定规划，明确方向

凡事预则立。在陈昔安老师的指导下，培养对象根据广东省初中历史陈昔安名师工作室培养对象教师专业成长规划书（2018—2020年）的要求，梳理自己的长项和短板，展望教师专业发展愿景，制定三年发展规划，细化目标，明晰措施。我们相信，任何一件事，只要心甘情愿，都能做出成绩。

深圳市福田区上沙中学段昆仑教师专业成长规划书

一、基本信息模块

姓名	段昆仑		性别	男	出生年月	1966年12月
最高学历	本科	最高学位		学士	参加工作时间	1989年11月
技术职称	中学高级教师		职称获得时间		2017年10月	
最高荣誉称号		福田区十佳中层干部			获得时间	2017年9月
学习工作简历	1982年9月—1985年7月　河南南阳 潦河高中 学习 1985年9月—1989年7月　河南开封 河南大学政治系 学习 1989年7月—1998年6月　河南南阳市物资局综合计划科信息员、市机电设备总公司办公室副主任 1998年6月—2005年8月　深圳市福田区投资管理公司资产部部长助理、新追求公司副总经理 2005年8月—今　深圳市福田区上沙中学 备课组长、安全主任、教科室主任					
何时参加过何种层次的进修	1. 2007年—2009年　深圳 连续三年参加广东省历史与社会培训暨教学评比活动 2. 2010年8月16日—2010年8月20日　广东安全技术职业培训学院 省生产安全事故应急预案评审专家培训 3. 2011年11月28日—2011年12月2日　上海名师学习研究所 深圳市福田区中小学安全主任高级研修班 4. 2013年12月9日—2013年12月12日　浙江大学 深圳市福田区教师培训负责人高级研修班 5. 2014年11月10日—2014年11月16日　北京大学 深圳市福田区教师教研能力提升高级研修班 6. 2017年7月9日—2017年7月15日　瑞金干部学院 深圳市福田区教育系统2017年党员专题教育培训班					
各类教育教学比赛获奖情况	1. 2009年 《理可顿悟，事须渐修》 教育部基础教育课程教材发展中心"课改十年—讲述我的教育故事"征文三等奖 教育部 2. 2008年 《游鱼得味成龙 飞鸟闻香化凤》 2008年福田区"教师眼中的新课程"征文比赛一等奖 福田区教研中心					

各类教育 教学比赛 获奖情况	3. 2008年 《权利在规则中行使》 2008年福田区中小学课改案例评选三等奖 福区教研中心 4. 2008年 《解读时事新闻 培养元认知能力》 2008年福田区中小学课改论文评选三等奖 福田区教研中心 5. 2009年 《关于中国崛起的理性思考》 2009年福田区教育局"我与我的祖国60年"征文二等奖 福田区教育局 6. 2017年10月 《基于历史学科特质 培养学生核心素养》 广东"名师杯"优秀教学论文、教学设计评选一等奖 广东省基础教育学会 7. 2017年5月 《整合教材 打通脉络 培养学生历史学科核心素养》 2017年深圳市教育学会主题优秀论文评选活动一等奖 深圳市教育学会 8. 2017年5月 《合作学习评价实施策略初探》 2017年深圳市教育学会主题优秀论文评选活动二等奖 深圳市教育学会
参加科 研项目 情况	1. 2006年9月—2010年12月 福田区公益性科研项目 《初中生文科类学习方式优化策略研究》 结题 作为核心成员负责撰写开题、结题报告和课题研究，并在区开题报告会上做示范报告。 2. 2010年9月—2013年9月 福田区公益性科研项目 《中学生历史与社会学科学习方式转变实践研究》 结题 作为核心成员担任课题专著《生本课堂是怎样炼成的》副主编并撰写结题报告。 3. 2013年9月—2015年12月 福田区教育科学规划项目 《深圳城中村薄弱初中班级分层教学的对策研究》 结题 担任课题主持人，负责开题报告、中期报告、结题报告，编纂《论文集》。 4. 2015年4月—2017年12月 福田区教育科学规划课题 《开展公民教育培养中学生责任感的行动研究》 结题 担任行政负责人，负责开题、结题报告撰写和指导工作。 5. 2015年12月—2018年6月 广东省教育科学"十三五"规划项目 《中小学合作学习的理论与实践研究》 结题 作为核心成员担任课题专著《合作学习的理论与实践》副主编
发表论文 著作情况	1. 2013年7月 课题专著《生本课堂是怎样炼成的》（副主编）光明日报出版社 书号：ISBN978-7-5112-4564-9 2. 2013年11月 上沙中学教学教研专著《且行且思》（执行主编）海天出版社 书号：ISBN978-7-5507-8013-6 3. 2017年2月 课题专著《合作学习的理论与实践》（副主编） 光明日报出版社 书号：ISBN978-7-5194-2647-7 4. 2017年12月 课题专著《中小学生如何学会合作》（编委）江西教育出版社 书号：ISBN978-7-5499-6872-5 5. 2008年1月 论文《游鱼得味成龙飞鸟闻香化凤》 《深圳教学研究》第1期 6. 2008年12月 论文《海涵千壑非一日 鸥翔万里正当时》 《深圳教学研究》第4期

发表论文著作情况	7. 2010年12月　论文《凝千古于一瞬，挫万物于笔端》《特区教育》第12期 8. 2015年3月　论文《沐期颐之风 承百年之韵》《特区教育》第3期 9. 2017年1月　论文《深圳城中村薄弱初中班级分层教学的对策研究》《新课程研究》第1期 10. 2017年9月　论文《合作学习评价策略初探》《基础教育参考》第18期 11. 2017年9月　论文《也谈历史核心素养的落实》《中学历史教学参考》第9期 12. 2018年2月　论文《中学生责任感养成研究》《新课程研究》第2期
获得荣誉称号或奖励	1. 2009年12月　"课改十年"征文三等奖 教育部基础教育课程教材发展中心 2. 2009年、2010年、2011年　福田区教育系统安全管理先进个人 福田区教育局 3. 2010年、2011年　福田区安全管理工作先进个人 福田区人民政府 4. 2010年9月　广东省生产安全事故应急预案评审专家 广东省安全生产应急救援指挥中心 5. 2012年　优秀党务工作者 中共福田区委教育工委 6. 2013年　教育系统教育工作先进个人 福田区区委区政府 7. 2016年6月　顺德区北滘镇课堂教学改革指导专家 顺德区北滘镇教育局 8. 2017年2月　深圳市张玉彬教育科研专家工作室中期考核"优秀成员" 深圳市教育科学研究院 9. 2017年2月　深圳学生创客节（2016）活动优秀指导教师 深圳市教育科学研究院 10. 2017年9月　福田区十佳中层干部 福田区教育局

二、自我认知模块

自己的优势	1. 具有较强的教学教研能力。 参与或主持五个课题：作为核心成员参与区课题《初中生文科类学习方式优化策略研究》和《中学生历史与社会学科学习方式转变实践研究》；主持2015年结题的区课题《深圳城中村薄弱初中班级分层教学的对策研究》《开展公民教育培养中学生责任感的行动研究》；作为核心成员参与省级课题《中小学合作学习的理论与实践研究》。 参与出版四部专著：在孙立秋老师的课题专著《生本课堂是怎样炼成的》中任副主编；在乂巧校长主编的教育教研专著《且行且思》中任执行主编；在张玉彬老师主编的《合作学习的理论与实践》中任副主编；在张玉彬老师主编的课题专著《中小学生如何学会合作》中任编委。 做五次学术讲座：2016年5月分别给顺德区北滘镇教师、湘潭市教师做《高效自主课堂构建策略》讲座；2016年11月应广东第二师范学院邀请为汕头市历史名师培训班做《培养初中生历史学科核心素养》讲座；2017年10月应广东第二师范学院邀请做《基于自主学习的高效课堂构建》报告；2018年4月在江西永丰恩江中学为永丰县中小学主管教学副校长、教科室主任、教师代表做《核心素养理念下自主与合作高效课堂构建策略》报告

自己的优势	2. 校本研修。 上沙中学自开办以来，以课堂"教与学方式转变"研究为重点，以促进教师专业发展与学生个性发展为目标，搭建教研平台，组织开展全校性的"两杯一培一日"教学研讨活动，坚持开展"上青蓝，下红烛"教学竞赛，磨练教师业务技能；召开年度教育教学教研培训，形成教研活动筹备、组织、实施、总结提升的回链；开展"教学开放日"活动，扩大教育教学开放度，给全体教师提供研究、落实、反思、提高新的教育技能的平台。 2017—2018学年度开始探索开展"学科核心素养引领教学"优质课竞赛，力图乘课改深化的东风，促进学校教育教学水平的提升。 3. 行政工作。 2011年，为学校赢得"深圳市安全文明校园"称号；2015年，成功申报深圳市首批"四点半活动"试点学校；2017年，所负责的创客教育获批深圳市中小学创客实践室；2018年，中国教育科学研究院青少年校园足球教学与实训基地落户校园，学校获批全国青少年校园足球特色学校。在学校的建章立制、校园文化建设、宣传工作等方面做了大量工作
存在的不足	1. 文化专业基础知识薄弱。 在河南大学政治系学习期间，对政治经济学有系统的学习，其中较系统地学习了中共党史，但没有受过中国通史、世界通史的教育，从教后虽努力补习历史知识，但不系统、不周延。 2. 实践技能欠缺。 受性格和年龄所限，我喜欢做研究性学习，向感兴趣问题的纵深进行探索，并且把个人研究带到课堂上，较适合培养优秀学生历史思维和核心素养，但大部分学生受知识储备和阅历的限制，自身教学显得曲高和寡。尽管也不断调整教学策略，关注学生的最近发展区，但还需要进一步以生为本，修正自己的课堂表达和呈现形式，吸引学生的学习兴趣和探究欲望，让学生受益
哪些方面急需得到提高	1. 殷冀依托名师工作室与华南师大黄牧航教授、王继平教授等指导专家的优势，到华南师大进行短期培训，补齐自己的专业短板，在专业研究方面得到针对性指导。 2. 期盼在工作室陈昔安老师的指导下，在工作室成员的帮扶下，探索出适合自己的高效教学策略，特别是在历史学科核心素养方面探索出新路。 3. 在专业研究上避免剑走偏锋，少走弯路，争取在三年培养周期内做出较大的成绩，并能在工作室发挥区域辐射作用方面贡献自己的绵薄之力

三、愿景规划模块

三年总体发展目标	在教育教学教研工作中，我有一定的认知和探索，但尚不系统，需要得到专业指导；也不深入，有待寻求新的突破；仍不完善，需要借力提升。 在从教十三年的节点，我需要找到教研的主线，得到专业提升，因此期冀在广东省陈昔安名师工作室研修，为自己的教研生涯汲取教育理论的滋养，追寻教育技能的恰切，从而丰盈自身，为学校教育教学教研工作的开展做出新的贡献，并从中引领一批年轻教师成为教育教学教研的骨干，促进学校的持续发展；发挥自身勤于钻研理论、乐于付诸实践、善于总结提升的人生积淀和著述优势，积极参与工作室各项工作；在陈昔安老师的指导下，结交同道，撰写案例、反思、总结、论文，争取多发论文，最终能够出版专著，物化研究成果，在历史学科教学教研方面提升到新的高度，并能发挥辐射作用，成为学者型教师，以慰平生
阶段目标及达成措施	阶段目标： 1. 2018年，融入工作室研修团队，协助陈昔安老师组织培养对象研修班的培训、研讨、送教、课题研究等工作，形成学习共同体，争取发表一篇论文。 2. 2019年，汇聚培养对象教学、送教、课题研究的成果，着手《教师成长的精神档案》的编纂、出版事宜，争取多发表论文、上公开课、举办讲座。 3. 2020年，参与工作室课题《发展初中生历史时空观核心素养的教学策略研究》的结题工作，提升自身课题研究的深度，探索教研路径，规范研究模式，争取达到和区域内外名师交流探讨的高度，对教学和学术有独到的见解 达成措施： 1. 积极参加工作室研修，虚心向高校专家、历史教学名家、教研员、主持人学习请益，提升自身的理论修养和学科教养。 2. 争取利用假期参加华南师范大学的短期培训，接受专家指导，规范自己的教学教研行为，形成自己的教学教研风格。 3. 恪守"独行快，众行远"的理念，和工作室同仁砥砺前行，激发各自优秀的一面，营造各展所长、优势互补的氛围，共同成长
专业发展保障	1. 工作期间，全力以赴完成学校分配的各项工作，以优异的成绩赢得领导的支持和同事的理解。 2. 将工作室大型的培训和研修安排在周末或假期，静心学习，切切实实窥到历史教学研究的堂奥。 3. 希望工作室提供到华南师范大学短训的机会，系统提升历史学术研究的水平。 4. 在送教扩大区域辐射的同时，和其他省市的名师工作室进行交流学习，扩大视域

读书、学习与研究计划	1. 学习马克思原著和导读类的著述，树立唯物史观，并运用到教育教学教研中。 2. 学习史学理论著作，丰盈理论素养，提高教学教研的恰切性和合理性。 3. 选读中外历史名著，建立准确的时空观念，撷取与教学教研有关的史料，切实做到论从史出。 4. 学习历史教学理论和教育学前沿理论，改善教学，教学相长，通过历史学科发展学生的核心素养

深圳市龙岗外国语学校葛秀伟教师专业成长规划书

一、基本信息模块

姓名	葛秀伟	性别	女	出生年月	1988年3月
最高学历	研究生	最高学位		硕士	参加工作时间	2011年9月
技术职称	初级		职称获得时间		2012年3月	
最高荣誉称号		坪山区优秀党务工作者		获得时间	2018年5月
学习工作简历	2003年9月—2007年6月　山西省大同市第一中学　学习 2007年9月—2011年6月　西南大学历史师范专业　学习 2011年9月—2018年6月　深圳市坪山区坪山实验学校　工作 2018年9月—今　深圳市龙岗区外国语学校　工作				
各类教育教学比赛获奖情况	1. 2011年10月　2011年历史与社会教学基本功大赛　区级一等奖　深圳市坪山新区教育科学研究管理中心 2. 2011年12月　广东省历史与社会教学基本功展示交流活动　省级二等奖　广东省教育厅教研室 3. 2012年4月　2012年教师课堂教学技能大赛　区级一等奖　深圳市坪山区教育科学研究管理中心 4. 2012年2月　2012年坪山区历史与社会教学教研活动　区级优秀奖　深圳市坪山区教育科学研究管理中心 5. 2013年5月　2013年坪山区九年级学生历史知识竞赛优秀辅导奖　区级优秀奖　深圳市坪山区教育科学研究管理中心 6. 2015年6月　"移动终端推动课堂教学变革及小组自主学习"研讨活动　区级一等奖　深圳市坪山区教育科学研究管理中心 7. 2016年10月　坪山区初中历史学科首届"新锐杯"青年教师课堂竞赛　区级三等奖　深圳市坪山区教育科学研究管理中心 8. 2017年4月　坪山区初中历史学科第四届"新教育杯"历史命题说题竞赛　区级一等奖　深圳市坪山区教育科学研究管理中心				

参加科研项目情况	1. 2011年9月—2013年12月　天性教育–文化课堂的理论与实践研究　区级参与者　完成
	2. 2016年—2017年6月　坪山区红色旅游资源的开发和利用　市级主持人完成
获得荣誉称号或奖励	1. 2013年5月　2011—2013年度"优秀共青团干部"　共青团深圳市坪山区工作委员会
	2. 2015年5月　2013—2015年度"优秀共青团干部"　共青团深圳市坪山区工作委员会
	3. 2015年5月　2014年坪山教育系统义工服务"先进个人"　坪山区公共事业局
	4. 2018年5月　2018年坪山区优秀党务工作者　坪山区政府

二、自我认知模块

自己的优势	1. 毕业于教育部直属的西南大学历史师范专业，工作后又攻读在职研究生，专业知识比较扎实。
	2. 毕业后一直担任初中历史教师，并多次担任九年级历史教学工作，教学经验比较丰富，教育教学能力强。
	3. 在教学中一直积极投身教育改革，多次参与所在学校的小组合作教学改革和平板教学改革，教育观念比较先进，也愿意不断更新自己的教学观念。
	4. 多次参与学校的课题研究，平时也会根据教育教学写一些教育教学论文
存在的不足	1. 忙于工作，专业书籍阅读较少。
	2. 教育观念略显陈旧，需要更新。
	3. 科研能力不足
哪些方面急需得到提高	1. 需要多阅读专业书籍，夯实专业知识。
	2. 需要多参加教育教学比赛，提高自身素养。
	3. 需要多参加教育科研，提高科研能力。
	4. 需要多参加教育培训，更新教育理念

三、愿景规划模块

三年总体发展目标	三年内成长为区级历史骨干教师
阶段目标及达成措施	阶段目标： 1.增强理论功底和学科功底。 2.熟悉部编版新教材，逐渐形成自己的教学风格。 3.积极参加教育科研活动，提高教育科研能力。 4.注重教学随笔和教学论文的撰写。 5.参加区级教学技能大赛并争取奖项
	达成措施： 1.三年完成部编版教学从七年级到九年级的一个循环，每一节课都认真备课，收集教学设计、备课资料视频，争取每个单元都有一节比较精彩、备课充分的历史课。 2.积极撰写教学论文，争取每个月完成一篇教学教育论文或随笔。 3.积极争取区级课题研究，三年内完成课题研究。 4.积极参加各级各类研讨活动，认真学习，撰写学习心得。 5.参加区级以上的教学技能比赛，并争取好的名次。 6.积极阅读专业书籍，每个月至少阅读一本历史专业类书籍
专业发展保障	1.提供本学科的专业培训。 2.提供本学科的比赛机会和展示平台。 3.希望在课题研究中得到团队的支持。 4.尽量安排七年级到九年级的循环教学
读书、学习与研究计划	1.学习、阅读历史专业书籍，如《中国史纲要》《中国政治制度通史》《中国近代史》《中国近代社会的新陈代谢》等。 2.学习、阅读教育类书籍，如《给教师的一百条建议》《不跪着教书》等。 3.积极参加学校的课题研究，争取参加区级以上的学术交流活动，提升自己

深圳市福田区外国语学校赖映初教师专业发展规划书

一、基本信息模块

姓名	赖映初	性别		女	出生年月	1984年5月
最高学历	研究生	最高学位		硕士	参加工作时间	2010年8月
技术职称	一级教师		职称获得时间		2013年11月	
最高荣誉称号					获得时间	
学习工作简历	2000年9月—2003年6月　信宜市第二中学　学习 2003年9月—2007年6月　广东教育学院　学习 2007年9月—2010年6月　华南师范大学历史文化学院　学习 2010年8月—今　深圳市福田区外国语学校　工作					
何时参加过何种层次的进修	1. 2018年9月　小梅沙深圳市义务教育"三科"（历史学科）教师培训　深圳 2. 2018年11月23日—2018年11月27日　"全国中小学穿新发展与教育教学质量提升研修班"课程学习　重庆 3. 2018年12月4日—2018年12月8日　广东省名师工作室入室学员培训　广东					
各类教育教学比赛获奖情况	1. 2011年12月　广东省历史与社会学科教师基本功大赛三等奖及展示活动三等奖 2. 2013年6月　福田区中考命题比赛二等奖 3. 2018年11月　福田区初中历史教师教育教学技能大赛一等奖					
参加科研项目情况	1. 2012年—2013年　广东省级课题"中学生历史与社会学习方式转变的实践研究"成员　形成成果收录于《中学生历史与社会学习方式转变的实践研究》一书　孙利秋主编　光明日报出版社 2. 2016年—今　福田区课题《如何培养学生的历史价值观——以历史人物教学为例》成员　即将结题　完成授课、论文撰写					

发表论文著作情况	1. 学术论文《20世纪20-30年代的上海"阅读热"》发表于《科教文汇》杂志（国内刊号：34-1274/G。邮发代码：26-205） 2013年08期 文章编号：1672-7894（2013）08-0072-01 2. 教学论文《预习评价策动自主学习的方法》收录于《中学生历史与社会学习方式转变的实践研究》一书 孙利秋主编 光明日报出版社
获得荣誉称号或奖励	1. 2014年 福田区教育系统优秀共产党员 2. 2015年 福田区教育系统先进个人

二、自我认知模块

自己的优势	1. 为人真诚务实、谦虚谨慎，抗压能力强，身体素质良好。 2. 热爱工作，责任意识强，态度勤勉细致，积极承担各种安排和任务。 3. 乐于学习，对新鲜事物接受能力强。 4. 一直从事一线教学工作，教学功底扎实，业务能力强，班主任工作经验丰富。 5. 经过严格的学科学术训练，科研意识比较强
存在的不足	1. 缺乏新型教学理论知识，尤其对先进基础教育理念缺乏了解和认知。 2. 疏于动笔，没有及时把一些好的教育教学素材记录下来。 3. 在课堂教学方面虽掌握了一些先进的课改理念、方法，贯彻落实得一般，不能做到每节课都游刃有余、得心应手，课堂教学还没有形成自己独特的风格。 4. 教科研能力有待进一步提高，没有主持课题的研究工作，对课题研究欠缺系统知识
哪些方面急需得到提高	1. 自身学科的知识储备急需及时更新、提升，在技能方面缺乏培训，不能紧跟现在的教育教学发展形势。 2. 教学视野急需扩展，尤其是市内、省内、国内的教研教学观摩活动非常欠缺，急需"走出去"

三、愿景规划模块

三年总体发展目标	1. 希望通过名师团队的引领，在教研过程中不断总结提炼自己，形成一定的教研风格，成为区级骨干教师。 2. 希望全面提升自己的教学能力和科研能力，完成名师工作室的项目研究，并在开发课题时取得一定成果，成为具有终身学习和创新能力的特色教师

阶段 目标及 达成 措施	阶段目标： 1. 通过不断学习、实践、反思、总结，改进自己的课堂教学，在课堂实践中努力提高驾驭课堂的能力。 2. 掌握最新的教学理念和方法，努力形成自己的教学风格、教育教学特色。 3. 积极参加教育科研活动，不断提升自身的科研能力，提高教学研究水平，努力成为教研能力强、具有一定创造力的教师
	达成措施： 1. 加强学习，多读书。至少研读两本以上的教育教学专著，订阅三种专业杂志《历史研究》《历史问题研究》《中学历史教学》，坚持写读书微信日志，每月至少写一篇读书心得。 2. 积极承担公开课和教学比赛。今年承担区级公开课一节、评课四节，承担青年教师基本功比赛。 3. 开展课题研究。完成《如何培养学生的历史价值观——以历史人物教学为例》课题结题要求，并形成成果；学习开发课题，学会课题实施方案、计划、总结的制定。 4. 参加工作室各类交流研讨活动，积极参与工作室互联网平台的建设，为进一步完善工作室已经建立的资源平台做出努力，收集当前教学热点文章，发表自己的学习心得、体会。 5. 撰写教学论文。撰写一篇教学论文（包括教学设计、教学随笔、案例反思、经验总结等），力争在本学年发表一篇CN级教学文章。 6. 积极参加外出观摩学习，提高教学水平，扩大教育视野。 7. 认真撰写各种材料，完成汇编专辑任务，包括个人三年成长规划、课题研究的相关材料、工作室个人年度工作计划及总结等
专业发 展保障	1. 希望陈昔安老师提供更多教学教研方面的引领和指导。 2. 希望工作室提供更广阔的教学教研观摩活动
读书、学 习与研究 计划	1. 以阅读的路径提升自己的教学基本功。在一年内对专业书籍的阅读达到五至八本，并在此阅读量的基础上参加以教师为平台的读书沙龙，广泛涉猎各领域的读物，尤其是教育教学类的著作和最新研究成果。 2. 聚集课堂，关注自身发展。依托学校的支持和工作室的帮扶，积极参加围绕历史学科五大核心素养的项目培训，多参加"同课异构"活动，在课程活动中总结不足、借鉴优势。 3. 以撰写论文的方式提升自己的史学理论素养。在实践基础上积极思考，摆脱"走一步看一步"的思维惰性，以历史学科核心素养为主题，撰写系列教学论文，提升理论水平，优化教学体系。 4. 他山之石，可以攻玉。保持学习的热情，以学科核心素养为统领，在课件制作、教学策略、课标把握、史料选择、学科素养等方面"走出去""走进去"，进行观察、分析、思考，努力提高。 5. 合作寻求发展，学推共进。"单兵作战"艰辛苦长，要积极与人合作、与团队合作，在合作过程中不能仅满足于"吸收"，要在合作中充分准备、积极表达，提供更有建设性的内容，达到共赢

深圳市光明新区高级中学李佳博教师专业发展规划书

一、基本信息模块

姓名	李佳博		性别	女	出生年月	1988年3月
最高学历	研究生	最高学位		硕士	参加工作时间	2014年8月
技术职称	中学初级教师		职称获得时间		2017年	
学习 工作 简历	2004年9月—2007年7月　哈尔滨市第一中学　学习 2007年7月—2011年9月　哈尔滨师范大学社会与历史学院历史系　学习 2011年9月—2014年7月　吉林大学古籍研究所中国古代史秦汉魏晋南北朝方向　学习 2014年8月—今　深圳市光明区高级中学　工作					
何时参加过何种层次的进修	2014年8月　光明区新教师岗前培训 2018年9月　深圳小梅沙深圳市义务教育"三科"历史教师培训 2018年10月　广东省2018年名教师、名校（园）长工作室入室学员培训项目					
各类教育教学比赛获奖情况	2014年　光明区青年教师演讲比赛　一等奖　深圳市光明区高级中学 2016年　光明区中考模拟试题命题比赛　二等奖　光明文体教育局 2018年　光明区教师技能大赛　三等奖　深圳市光明新高级中学 2018年　光明区中学教师基本技能大赛　三等奖 2018年　广东省陈昔安名师工作室"培养对象"初中历史主题式说课比赛　一等奖 2018年　广东省陈昔安名师工作室2018年发展初中生历史时空观念核心素养的教学策略研究教学论文评比　一等奖 2018年　广东省陈昔安名师工作室2018年发展初中生历史时空观念核心素养的教学策略研究教学设计评比　一等奖					

参加科研项目情况	2018年　市级课题《初中寄宿制学校父母陪伴的缺失对学生的心理影响》指导教师
发表论文著作情况	1. 2014年6月《北魏国家丧葬赏赐考略》发表于知网被评为优秀硕士毕业论文（K239.21） 2. 2017年7月《换个角度看世界》发表于《读书文摘》（ISSN：1671–7724 CN：42–1672/G2） 3. 2017年7月《心怀感恩，促教育成长》发表于《读写算》（ISSN 1002–7661 CN：42–1078/G4）

二、自我认知模块

自己的优势	1. 2011年以全国第一的名次考取吉林大学中国古代史研究生，经过三年的研究学习，最终完成《北魏国家丧葬赏赐考略》一文，用七万字系统论述了北魏国家丧葬赏赐的相关内容，填补学界在北魏国家丧葬赏赐方面的研究空白，文后附表《北魏时期获丧葬赏赐的官员临终秩级表》为学界首创。同年，论文荣获"吉林大学优秀毕业论文"殊荣，故具有一定的科研能力。2014年毕业至今，一直从事一线历史教学工作，历史专业和教育教学理论基础较扎实。在学习历史专业的同时，一直练习英语口语，具有英语沟通能力。 2. 教育观念新颖，接受新鲜事物能力强，可塑性强，具有一定的领导能力，追求教学形式的丰富性和趣味性，注重对学生学习意识和习惯的培养，启发学生的求知欲，实现所带班级历史成绩在历次区统考中名列前茅。同时，在担任班主任期间，强化班级团队意识，协助学生完成角色认知，适应寄宿制群体生活，帮助其解决生活困惑，使其能够更好地聚焦学习
存在的不足	课堂教学还没有形成自己独特的教学风格。虽掌握了一些先进的课改理念、方法，却不能做到得心应手
哪些方面急需得到提高	1. 积累各类比赛的经验，缺乏教师技能培训。 2. 教学视野急需扩展，急需了解教学前沿发展形势

三、愿景规划模块

三年总体 发展目标	在全面提升教育教学技能和科研能力的同时，积极参与工作室的课题研究，成长为一名教学风格鲜明的学科带头人
阶段 目标及 达成 措施	阶段目标： 1. 2018年9月—2019年9月　完善教师基本功为主要成长方向 2. 2019年9月—2020年9月　完善以中考为核心的中学历史教学体系 3. 2020年9月后期　深化历史专业体系或提高教育学素养，提高学历
	达成措施： 1. 参加各级别比赛，积累大赛经验；积极参讲各级别公开课，提升教学功底。 2. 2019年9月—2020年9月　完成整轮教学循环，优化初中历史教学体系。 3. 近五年，继续考取历史专业或教育学专业在职博士，争取四十岁之前毕业
专业 发展 保障	希望工作室提供前往国内教育大省、港澳台等知名学校观摩学习的机会
读书、学 习与研究 计划	研究计划： 1. 指导《初中寄宿制家长陪伴的缺失对学生的心理影响》市级学生课题的开题、研究与结题工作。 2. 积极撰写历史专业研究性论文或教育教学论文
	读书计划： 1. 每月至少研读两篇专业教学论文和一本以上家庭教育教学论著。 2. 每月写一篇读书笔记
	学习计划： 1. 继续学习英语口语标准化发音，以TED为平台完成英文听力与阅读训练。 2. 积极参加外出观摩学习，拓展教育视野，接受教学前沿资讯

华南师大附中汕尾学校李相楠教师专业成长规划书

一、基本信息模块

姓名	李相楠		性别	男	出生年月	1986年9月
最高学历	研究生	最高学位		硕士	参加工作时间	2013年
技术职称	中学一级教师		职称获得时间		2016年9月	
最高荣誉称号		学校工作积极分子			获得时间	2016年、2017年
学习工作简历	2003年9月—2005年7月　驻马店第一中学　学习 2005年9月—2006年7月　驻马店高中　学习 2006年9月—2010年7月　河南农业大学　学习 2010年9月—2013年7月　安徽师范大学　学习 2013年—今　华南师范大学附属中学汕尾学校工作					
何时参加过何种层次的进修	2017年　汕尾市中学教师职务培训					
各类教育教学比赛获奖情况	1. 2014　"教师成长及专业发展"科研论文评选活动一等奖 2. 2015　汕尾市教育教学论文评选活动三等奖 3. 2016　汕尾市教育教学论文评选活动三等奖					
获得荣誉称号或奖励	1. 2015年、2016年、2018年　学校德育工作积极分子 2. 2016年、2017年　学校工作积极分子					

二、自我认知模块

自己的优势	有初中循环教学和毕业班经验,有清晰的历史知识框架,善于进行中西方历史的对比。在历史教学中注意历史与现实的结合,发掘历史的细节,增加历史课堂的趣味性。主张用学生易于接受的方式讲课,注重教学互动,并能利用历史对学生进行德育教育,帮助学生树立正确的价值观
存在的不足	科研能力偏弱,课程设计能力有待提高
哪些方面急需得到提高	课堂教学的有效性

三、愿景规划模块

三年总体发展目标	提高自身教学技能,准确把握中考命题方向及规律,成为学校初中历史组骨干教师
阶段目标及达成措施	阶段目标: 1. 认真参加每一次教研活动,主动向有经验、有先进教学理念的教师学习,多听课,取他人之长,补自己之短。 2. 及时积累个案、归纳资料,撰写有实效的专题论文,并且将论文的思想渗透到教育教学中,落实在课堂上
	达成措施: 1. 认真阅读《课程标准》等有关资料,钻研新教材、新课标、研究教法,体会新课程的理念,提高自己的业务能力。 2. 充分利用网络优势,学习教育教学方面的新思想,掌握新方式,运用新理论提高教学效果
专业发展保障	举行各种教研活动
读书、学习与研究计划	1. 每学期读一本教育专著,及时做好笔记,写出自己的心得,丰富自己的文化素养。 2. 整理收集初中历史题库和导学案,形成适合本校学生的一套教学体系

深圳市南山外国语学校（集团）文华学校刘栋梁教师专业成长规划书

一、基本信息模块

姓名	刘栋梁		性别	男	出生年月	1984年8月
最高学历	研究生	最高学位		硕士	参加工作时间	2010年8月
技术职称	中学历史一级教师		职称获得时间		2014年11月	
最高荣誉称号		深圳市优秀共青团干部			获得时间	2018年5月
学习工作简历	2000年9月—2003年7月　江苏省无锡市东林中学　学习 2003年9月—2007年7月　东北师范大学历史文化学院　学习 2007年9月—2010年7月　东北师范大学亚洲文明研究院　学习 2010年8月—今　深圳市南山外国语学校（集团）文华学校　工作					
何时参加过何种层次的进修	1. 2017年—2018年9月　北大附中　中学历史教师培训活动暨初中历史部编教材培训会 2. 2017年—2018年11月　南山外国语学校（集团）文华学校　初中历史跨地区"同课异构"教学交流					
各类教育教学比赛获奖情况	2011年　广东省历史与社会教学基本功大赛　二等奖　广东省教育厅教研室					

参加科研项目情况	1. 2011年　市级《〈历史与社会〉课程与社区建设相结合的教学模式探讨》已完成
	2. 2012年—2013年　区级《大陆与台湾中学历史与社会教材比较研究》已完成
	3. 2012年—2015年　省级《卓越课堂的网络基础教学平台构建研究》已完成
	4. 2012年—2014年　区级《历史与社会》课程教学与公民素质培养　已完成
	5. 2017年—今　区级重点课题《四点半课程信息化管理平台探索》完成70%
发表论文著作情况	1. 2011年　《西汉南北军（北军）史实新考》《长春教育学院学报》2011年第9期　ISSN：1671-6531
	2. 2011年　《西汉中垒校尉考》《才智》2011年第28期　ISSN：1673-0208，CN：22-1357/C
	3. 2013年　《少教多学：理念与策略》《教育理论与实践》2013年第2期，ISSN：1004-633X
获得荣誉称号或奖励	1. 2018年　南外集团十佳青年教师　南山外国语学校（集团）
	2. 2018年　深圳市优秀共青团干部　共青团深圳市委

二、自我认知模块

自己的优势	1. 专业基础知识良好。
	2. 比较容易接受新的教育理念和观念。
	3. 喜欢读书，关心时政。
	4. 喜欢学生。
	5. 有一定的教育教学能力。
	6. 有教科研方面的意识。
	7. 热爱运动，乐观开朗。
	8. 实践能力较强。
	9. 擅长开发与历史关联的校本课程（已经着手开发三门）
存在的不足	1. 缺乏科研的努力方向和合适的切入点。
	2. 缺乏专业书籍阅读和积淀。
	3. 缺乏外出历史专业学习的机会，以增广见闻。
	4. 教育教学专业方面还需要进一步打磨。
	5. 缺乏专业名师的指导促进专业成长
哪些方面急需得到提高	1. 缺乏外出历史专业的学习机会，以增广见闻。
	2. 专业方面还需要进一步打磨。
	3. 缺乏专业书籍阅读和积淀。

三、愿景规划模块

三年总体发展目标	从成为教师那一刻起，我就以成为一名正高级教师为目标要求自己。三年的时间，希望自己能在陈昔安老师的指导下成为一名骨干教师
阶段目标及达成措施	阶段目标： 1. 第一年完成专业学习和专业方面的积累，努力打造自己的学术道路。 2. 第二年运用学习所得指导教学，上一两节有深度、有价值、有特色的公开课。 3. 第三年继续打磨自己的专业基础，形成一个有工作室特色的成果
	达成措施： 1. 努力学习，多听课，多阅读专业书籍，写出一两篇有学术深度的论文。 2. 多向工作室同仁学习。 3. 多外出学习，增广见闻。 4. 多总结提升，形成成果
专业发展保障	1. 建议工作室定期提供专业阅读书籍目录，可以多读书、多学习。 2. 建议工作室能提供工作室同仁的优秀课例，或者优秀课例的视频。 3. 建议工作室提供交流学习的机会，如外出学习、去对口帮扶的学校支教一段时间（2～3周较好）的机会，提升自己，增广见闻。 4. 建议学校在安排工作、教学时，兼顾工作室的安排，能多学习、多提升
读书、学习与研究计划	1. 每天晚上21：30—22：00阅读专业书籍，每周末利用两个小时的时间阅读专业书籍，学习优秀案例，写一些感悟与论文，提升自我。 2. 在陈昔安老师的指导下，能够朝着一个课题方向努力，形成成果

深圳市盐田区实验学校刘延微教师专业
成长规划书

一、基本信息模块

姓名	刘延微	性别		女	出生年月	1982年10月
最高学历	本科	最高学位		学士	参加工作时间	2006年7月
技术职称	中学一级教师	职称获得时间			2016年	
最高荣誉称号		区优秀教师			获得时间	2011年
学习 工作 简历	1999年—2002年　吉林省农安县实验中学　学习 2002年—2006年　吉林省延边大学　学习 2006年9月—2009年8月　江西省指阳中学　工作 2009年9月—2010年2月　深圳光明新区培英学校　工作 2010年2月—2013年7月　深圳龙岗区平安里学校　工作 2013年9月—2016年9月　深圳市盐田区盐港中学　工作 2016年9月—今　深圳市盐田区实验学校　工作					
参加科研项目情况	2017年9月　区级　关于历史有效教学策略的研究　中期报告					
发表论文著作情况	1. 2016年4月　《历史互动教学初探》发表于《考试周刊》（ISSN1673–8918 CN22–1381/G4） 2. 2016年5月　《论孔子的教育思想与当今社会的素质教育》发表于《鸭绿江》（ISSN：1003–4099 CN：21–1037/I）					

二、自我认知模块

自己的优势	1. 从教以来多次被评为校级、区级优秀教师。 2. 在担任科组长期间，带领科组教师积极参加校级公开课展示、区级"四有杯"的竞赛，并获得好评，积极参加区内外的教研活动。 3. 十一年的教龄，六年的毕业班经验，有丰富的初三历史备考经验。所教学生在每次考试中都名列前茅，显著高出同级其他班级的成绩，在中考中出现满分学生，而且A以上的学生大幅度增加。 4. 为促进青年教师成长，被学校聘请为新进青年教师的指导教师
存在的不足	1. 教学方法陈旧，缺乏思考创新，教学遇到瓶颈。 2. 看书时间较少，专业发展停滞不前
哪些方面急需得到提高	1. 在教学方法上要更有想法、更有艺术性。 2. 教学理念要跟上教育的发展形势，不断创新

三、愿景规划模块

三年总体发展目标	希望三年后成为真正有创新精神、奉献意识、理念进步的骨干教师
阶段目标及达成措施	阶段目标： 两年内，多一点思考，教学方法多一点创新
	达成措施： 多看专业书籍，多参加专业方面的培训，认真备课上课
专业发展保障	专业性的规划与指导
读书、学习与研究计划	1. 争取每天抽出半个小时阅读专业书籍。 2. 尽可能参加有效的培训。 3. 认真钻研教学及教研，和同行探讨进步

深圳明德实验学校付华敏教师专业成长规划书

一、基本信息模块

姓名	付华敏		性别	女	出生年月	1987年6月
最高学历	研究生	最高学位		硕士	参加工作时间	2013年8月
技术职称	中学一级教师		职称获得时间		2014年12月	
最高荣誉称号					获得时间	
学习 工作 简历	2001年9月—2004年7月　江西上高二中　学习 2005年9月—2009年7月　中山大学考古学专业　学习 2010年9月—2013年7月　北京师范大学　学科教学（历史）专业　学习 （2011年10月—2012年8月于日本东京学艺大学交换留学学习） 2013年8月—2017年7月　北京师范大学克拉玛依附中　工作 2017年9月—今　深圳明德实验学校　工作					
何时参加 过何种层 次的进修	2017年7月22日—2017年7月31日　北京师范大学仲英未来教师培养基金北京师范大学毕业生专业素养提升研修班					
各类教育 教学比赛 获奖情况	1. 2017年8月　《通篇史料教学法初探——以〈开辟新航路〉一课为教学实验》　2017年新疆中学历史教学论文评比一等奖　新疆教育学会中学历史学科研究会 2. 2015年12月　《新航路开辟》　新疆维吾尔自治区中小学优质课展评活动三等奖　新疆维吾尔自治区教育厅 3. 2015年11月　新疆中学生"爱祖国、爱新疆，民族团结一家亲"历史知识竞赛指导教师一等奖　新疆教育学会中学历史学科研究会 4. 2015年11月　克拉玛依市第三届教育科研月优质录像课展评二等奖　《班主任如何处理青少年同一性引发的人际关系问题》获三等奖　克拉玛依市教育研究所 5. 2014年12月　新疆中学生"爱祖国、爱新疆，民族团结一家亲"历史知识竞赛指导教师二等奖　新疆教育学会中学历史学科研究会 6. 2013年11月　北京师范大学基础教育合作办学平台第三届"励耘杯"青年教师基本功大赛优秀奖　北京师范大学国内合作办公室、基础教育对外合作学部					

参加科研项目情况	1. 2018年11月　主要负责的课题《基于STEM实践的历史项目式学习研究》被确立为福田区教育科学规划2018年重点课题　已顺利开始拓展课教学实践 2. 2017年10月　指导主持的2017年深圳市中小学生探究性小课题《口述史中的深圳历史变迁》获市财政经费资助立项　深圳市教育科学研究院 3. 2016年6月　主持的克拉玛依市级课题《通篇史料教学法初探》顺利结题　克拉玛依市教育研究院 4. 2016年6月　主持的课题《立德树人背景下的高中自主型班级管理》成功立项　清华大学教育研究院 5. 2016年6月　参与的自治区级课题《历史评价中应谨慎运用"一分为二"分析法》顺利结题　新疆教育科学研究院
发表论文著作情况	1. 2018年7月　《部编版初中历史教学中"家国情怀"核心素养的落实——以部编版八（上）旧民主主义革命复习课为例》《中学历史教学》ISSN1009-3435 2. 2019年1月　《在常规历史教学中开展项目式学习——历史学科核心素养培养的新探索》《中学历史教学》
获得荣誉称号或奖励	1. 2019年1月　所带班级被评为2018—2019学年第一学期"文明班"　深圳明德实验学校 2. 2017年1月　北师大克拉玛依附校2016年校园系列奖"优秀教研组长"　北京师范大学克拉玛依附属学校 3. 2015年9月　北京师范大学克拉玛依附属学校"师德标兵"称号　北京师范大学克拉玛依附属学校

二、自我认知模块

自己的优势	擅长教研和活动组织策划，不断吸收前沿理论成果用于实际教育教学中，教育教学水平不断提高。 1. 文化专业基础知识方面。 毕业于北师大历史学院，历史和教育教学理论基础比较扎实，工作后不断进行历史知识补充和理论更新。 2. 教育观念方面。 一直坚守学生的全面成长是教师职业的最大价值所在，教师的不断自我进步是教师职业长青的依据。所以，教育教学应始终坚持以学生为主体，不放弃教师的主导作用，鼓励学生的自由成长与创造力。 3. 教育教学能力方面。 从手足无措的新教师成长为学生喜欢、家长信任的资深教师，教育教学能力不断提高。在班主任工作方面，注意为学生的全面成长提供保持性环境是主要工作原则，过得开心、有收获感是基本前提。在教学方面，勤恳负责有创新，不断提高自己的业务水平，教学业绩突出，有一轮高三教学经验。 2017—2018学年下学期期末考试，所带明德八年级学生历史平均分不仅名列福田区第一，而且高于第二名近5分。同时，鼓励学生走出课堂，进行社会实践，开展不同形式的作业或比赛，丰富历史课程资源和教学方式方法

自己的优势	4. 实践技能与科研水平方面。 近几年主持或参加过3个省市级课题，指导过学生竞赛或小课题的开展，曾两年作为历史教研组长负责组内日常教研和教学工作指导与安排，教研经验丰富，教研能力突出，并不断将教研理论的最新成果运用于教学实践中，勇于进行教学实验，既为课题研究提供可靠的案例，也不断改进教学方法，促进教学水平的不断提升，相辅相成
存在的不足	1. 初中历史还未完成一轮教学，尤其未参与过深圳历史中考，需要在后面的三年中完成。 2. 对深圳历史教育教学和深圳中考还不是很了解，需要慢慢深入。 3. 在历史学科核心素养方面，理解最弱的是时空观念，需要在理论和教学实践方面不断深入研究。 4. 日常教学任务繁重，影响教研工作全力进行
哪些方面急需得到提高	1. 丰富初中历史教学经验，了解初中学生的身心和认知特点，不断提高初中历史教学水平。 2. 深入对历史学科核心素养尤其是时空观念的研究，勇于创新，积极实践，开展有效教学。 3. 专注于1~2个课题的研究，增强与工作室成员的沟通与交流，相互学习

三、愿景规划模块

三年总体发展目标	集中开展课题研究工作，提高教学水平并尽力得到业界认可，争取成为明德历史学科带头人	
阶段目标及达成措施	课题研究方面： 1. 积极参与工作室时空观念的课题研究。 2. 进行"历史项目式学习"课题的筹备与开展、实施与结题工作。 3. 继续指导学生深入探究《深圳口述史》小课题的立项、研究与结题工作	
	达成措施： 搜集相关期刊和书籍等文献资料进行研读，积极开展教学实验。积极参加工作室活动与学习，向陈昔安老师和工作室同仁学习，以教学设计、教学论文、课题研究立项和结题证书为依据	
	教学业绩方面： 1. 继续保持所教学生历史成绩突出，争取2021年明德中考历史成绩在深圳市靠前。 2. 在深圳市和福田区的初中历史学科青年教师基本功比赛获得一定名次	

阶段目标及达成措施	达成措施： 1. 抓好日常历史教学和每次期中、期末考试。 2. 积极参加市区级各种教研与培训活动，不断提高业务水平。 3. 多上公开课，多进行教学设计的创新与实践，多向前辈请教，不断提高教学能力
专业发展保障	希望学校为历史学科教研提供平台和支持，在文科活动开展中注重历史学科的相应比重，同时保持历史学科的相对独立性。 希望工作室提供公开课的听课与上课机会，定期提供一些教学相关比赛，不定期开展培训与教研活动，促进大家的共同成长
读书、学习与研究计划	研究计划： 1. 积极参与工作室时空观念的课题研究。 2. 进行《历史项目式学习》课题的筹备与开展、实施与结题工作。 3. 继续指导学生深入探究《深圳口述史》小课题的立项、研究与结题工作
	读书学习： 1. 完成已购历史、教学相关书籍的阅读。 2. 就课题研究有目的、有方向地搜集相关书籍和期刊，并进行深入研究学习。 3. 与工作室成员和课题组成员共同分享，指导小课题学生学会阅读与学习

河源市第二中学彭君红教师专业成长规划书

一、基本信息模块

姓名	彭君红	性别	女	出生年月	1976年8月
最高学历	本科	最高学位		参加工作时间	1996年8月
技术职称	中学一级教师	职称获得时间		2005年12月	
最高荣誉称号				获得时间	
学习 工作 简历	1993年9月—1996年7月　广东省老隆师范学校　学习 1996年8月—2004年8月　河源市龙川县鹤市中学　工作 2004年8月—今　河源市第二中学　工作				
何时参 加过何 种层次 的进修	1. 2014年12月　河源市中学骨干班主任培训班学习 2. 2015年　河源市初中教师信息技术应用能力提升工程培训 3. 2016年7月　河源市市直中小学教师智慧教育专题培训班学习				
各类教 育教学 比赛获 奖情况	1. 2016年8月　河源市计算机教育软件评审活动多媒体课件优秀奖 2. 2017年3月　学校青年教师讲课大赛二等奖 3. 2017年4月　河源市初中历史课堂教学大赛市直选拔赛二等奖				
参加科 研项目 情况	2015年　参与《自主学习课堂教学模式构建研究》的省级课题研讨并成为该 课题实验组的核心成员　顺利结题				
获得荣 誉称号 或奖励	1. 近十年来，多次获得学校的"教学成绩突出奖"。 2. 2017年—2018年四次获得学校的"优秀班主任"称号。 3. 2017年—2018年两次获得学校"十佳班主任"称号				

二、自我认知模块

自己的优势	1. 长期从事一线工作,积累了一定的教学经验。 2. 工作勤恳踏实,有较强的进取心和责任心。 3. 在教学中关注每名学生的情感和人格养成
存在的不足	1. 虽长期从事一线工作,积累了一定的教学经验,但只停留在教学的表层,没有深入性地研究。 2. 教学缺乏创新和个性化。 3. 在课堂教学方面,虽掌握了一些先进的课改理念、方法,却不能做到每节课都游刃有余、得心应手。 4. 缺乏理论积淀,教育理论学习、写作能力、教研能力还有待提高。 5. 知识面不广,自身学科的知识储备需及时更新、提升
哪些方面急需得到提高	1. 自身学科的知识储备需更新、提升。 2. 科研能力和创新能力需提高

三、愿景规划模块

三年总体发展目标	通过三年的跟岗学习,使自己成为一名思想素质高、教育教学水平高的优秀教师
阶段目标及达成措施	阶段目标: 1. 两年内教育教学水平有提升,课堂效率提高,所教班级的历史成绩有一定的进步。 2. 三年内科研能力和创新能力有提升,发表教学案例或论文
	达成措施: 1. 端正态度。利用工作室这一交流平台,认真学习,虚心请教。结合实际,积极参加工作室组织的学员活动和学习培训,认真完成工作室布置的每一次作业和任务。 2. 加强学习。认真研读教材,认真学习教育理论和专业知识,提高组织教学的能力。积极参加各项教研活动,充分利用外出学习的机会,积极与同行、专家交流,学习并领悟同行及专家的先进经验,不断改进教学方法,从而提高自己的业务水平和教育教学能力。 3. 坚持教学探究,注重教学实践的积累,积极撰写论文或教学案例等,争取发表
专业发展保障	时间、资金及跟岗学习期间的食宿安排等
读书、学习与研究计划	1. 每天确保半小时至一小时的读书时间,每学期至少读两本书,做到边读书、边思考、边动笔。积极参与学校组织的各项读书活动,让读书活动与相关的教学活动相结合,从而提高自己的理论水平和教科研能力。 2. 充分利用网络,进行网上阅读,了解、把握教育教学的信息和动态。 3. 抓住培训、听课等机会,努力向专家、名师学习,不断改进教学方式、方法

深圳市龙岗区石芽岭学校严慧君教师专业
成长规划书

一、基本信息模块

姓名	严慧君		性别	女	出生年月	1986年11月
最高学历	本科	最高学位		学士	参加工作时间	2007年8月
技术职称	中学一级		职称获得时间		2016年10月	
最高荣誉称号				获得时间		
学习工作简历	2004年9月—2007年7月　江西九江学院　学习 2007年9月—2010年7月　深圳市观澜博文学校　工作 2010年9月—2011年2月　深圳市宝安区石岩公学　工作 2011年2月—2013年7月　深圳市观澜中学　工作 2013年8月—今　深圳市龙岗区石芽岭学校　工作					
何时参加过何种层次的进修	1. 2017年10月　复旦大学龙岗区骨干教师培训 2. 2018年10月21日～2018年10月26日　南京龙岗区第四批骨干教师高级研修班 3. 2016年8月　取得"国家心理咨询师二级"从业资格 4. 2017年2月—今　龙岗区家庭教育指导中心一系列有关家庭教育的培训，并被龙岗区家庭教育讲师团聘为"家庭教育初级讲师"					
各类教育教学比赛获奖情况	1. 2018年9月　"广东省陈昔安历史名师工作室"主题说课比赛一等奖 2. 2016年10月　石芽岭学校青年教师基本功大赛模拟上课一等奖 3. 2011年11月　教学设计获宝安区一等奖及命题设计二等奖 4. 2012年9月　深圳市观澜中学说课比赛全校第一名 5. 2011年4月　育人故事《拂尘》获全国一等奖					

参加科研项目情况	1. 2017年6月　申请并通过了区级课题"巧用历史小故事提高初中历史教学趣味性的实践研究" 2. 2016年10月　指导学生申请并立项了市级小课题《对甘坑小镇客家文化的调查研究》已顺利结题
发表论文著作情况	1. 2016年—2017年　先后参与编写《历史故事新编》《智慧人生》《思维天地》等书 2. 2016年12月　《老师，你笑的真好看》等三篇作品收录在校刊《石芽》中 3. 参与《我的教师梦——历史教师成长叙事》一书的编写，该书已于北京师范大学出版社2014年8月第一次印刷出版。个人成长叙事《心弦上痴情的精致》录入其中
获得荣誉称号或奖励	1. 2017年6月　龙岗区"骨干教师""石芽名师"称号 2. 2014—2015学年　龙岗区"优秀班主任"称号 3. 2013—2014学年　南湾街道"优秀德育工作者""安全先进个人"称号

二、自我认知模块

自己的优势	我是一个热爱学习、喜欢教书的人，综合能力较强。不断学习新的教育教学理念，敢于在日常的教育教学中实践和探索。 1. 文化专业基础知识方面。 有一定的理论基础，并在工作中不断学习历史知识和历史教学理论。 2. 教育观念方面。 教师的工作是"育人"，所以"心中有人"是第一位的，在教育过程中始终坚信"学高为师，身正为范"。作为教师，不仅在于传授本领，还在于激励和唤醒，在工作中一直秉着"晓之以理、动之以情、示之以范、导之以行、持之以恒"的理念。 3. 教育教学能力方面。 至今已工作十一年整，担任班主任（级长、科组长）九年多，深受学生喜爱、家长信任、领导认可。个人教学风格独特，教育教学能力突出，课堂幽默风趣、张弛有度、严慈相济，让学生又爱又敬。所带班级成绩在龙岗区"八校合作体"中稳居第一。 4. 实践技能与科研水平方面。 近四年主持或参加过四个市区级课题，指导学生参加各类竞赛，成绩突出。引导学生尝试做各级各类调查、课题，勇于创新。曾任教研组长、备课组长、"青蓝工程"师傅，具有较强的教研能力和组织协调能力，所带青年教师被评为石芽岭学校优秀"徒弟"。 参加过多次竞赛，承担过多次示范课，主持并参与多项课题研究。发表论文多篇，曾获国家级论文一等奖。参与"国家级课改实验区历史与社会教师成长叙事"的编写，获多项区级、市级、国家级奖项及荣誉

存在的不足	1. 理论水平没有达到自己的预期，缺乏专业书籍阅读和积淀。 2. 缺乏科研的努力方向。 3. 教育教学专业方面的实践经验缺乏理论的总结、提升。 4. 教育教学随笔、育人故事和论文写得太少
哪些方面急需得到提高	1. 历史专业理论的学习。 2. 撰写教育教学随笔、育人故事和论文的能力。 3. 课题的开发和研究能力。 4. 课堂教学设计的创新能力

三、愿景规划模块

三年总体发展目标	教书育人是我的梦想，能做教师是我的快乐。现在有陈昔安老师引路和工作室同仁指导，希望自己能更努力提升自己的教育教学能力和理论水平，争取由龙岗区"历史骨干教师"发展成为"学科带头人"
阶段目标及达成措施	阶段目标： 1. 搜集相关期刊、书籍等文献资料进行研读，积极开展教学实践探索，努力打造自己的学术道路。 2. 积极参加工作室活动与学习，向陈昔安老师和工作室同仁学习，形成自己的教学风格，上一节有自己独特味道的公开课。 3. 做一份优质的教学设计，写一篇教学论文，申请立项一个市级以上课题 达成措施： 1. 深度阅读。 2. 注重积累，多写教学随笔、反思。 3. 多向工作室同仁学习，找一位跟自己风格接近的教师，深度学习
专业发展保障	1. 希望工作室定期提供专业阅读书目，开展一些阅读的活动，如同读一本书等。 2. 希望工作室能提供更多的优秀课例或视频，让大家取长补短、共同进步。 3. 希望工作室提供更多交流学习的机会，如外出学习、去对口帮扶的学校支教一段时间（2～3周较好）的机会，提升自己，增广见闻。 4. 希望学校能一如既往地支持教师的专业发展，提供平台，搭建舞台
读书、学习与研究计划	研究计划： 1. 积极参与工作室时空观念的课题研究。 2. 完成目前在做的课题《巧用历史小故事提高初中历史教学趣味性的实践研究》。 3. 争取立项一个市级以上课题 读书、学习计划： 争取每两周看完一本书，尽量多看一些专业的书，写一些随笔，完善自我

第三章

深度对话，启迪心灵

　　读书是教师须臾离不开的生计，但读什么书对教师来说更重要。陈昔安老师作为广东省名师工作室主持人，以其独有的宽广视域，根据不同的工作领域、不同的研究任务，撰写了专著《追逐教育梦想》，并赠书给培养对象，指导大家教学实践和教育科研。大家的阅读由懒散、零碎、间断的状态迈入自觉、系统、连续的境界。

　　德国著名哲学家雅斯贝尔斯说："教育的本质就是一棵树摇动另一棵树，一朵云推动另一朵云，一个灵魂召唤一个灵魂。"读陈昔安老师的书，如晤其面，亲聆教诲；解惑释疑，启发智慧；鞭辟入里，探幽发微；学以致用，指导实践。

天道酬勤　成就梦想

——读《追逐教育梦想》之感悟

广东省深圳市光明区高级中学　李佳博

　　我，家中独女，工薪父母虽无渊博学识，却为通明晓理之人，对我虽无溺爱加身，却也百般疼爱。学生时代虽偶有坎坷，却也顺利度过。与先生相识于学生时代之最后三年，毕业后远离家乡工作，只为两人得以团聚，后便连理相守。生活方面，足矣。幸哉，吾为师者，幸福满足，倍感上天所赐甚厚。更为幸者，入陈师门下，聆听教诲，迷津指路。陈师赠书，如获至宝，反复研读三遍，每每均有收获。在佩服陈师学识渊博、名师楷模之时，唏嘘自己资历尚浅、差距之大，不禁略有战兢之感。战兢之余，思日后努力之方向，鞭策前行！鉴于对陈师著作浅薄认知，遂成此读书笔记。

一、拜读著作，书写笔记掠影

笔记掠影1

📖 笔记备注 ❶

这是陈昔安老师在我们第一次见面时伏案认真书写的。我清晰地记得，在赠书于吾之时，老师双手捧书。翻开封页，"天道酬勤，成就梦想"八个字映入眼帘。从那一刻起，一切皆已注定：注定我与老师是同道中人；注定我有幸成为陈氏弟子；注定在教师这条路上，要时刻以老师为标杆，以他为榜样，向他看齐；注定将"天道酬勤"刻在骨子里，不断鞭策自己前行！

2018年9月25日

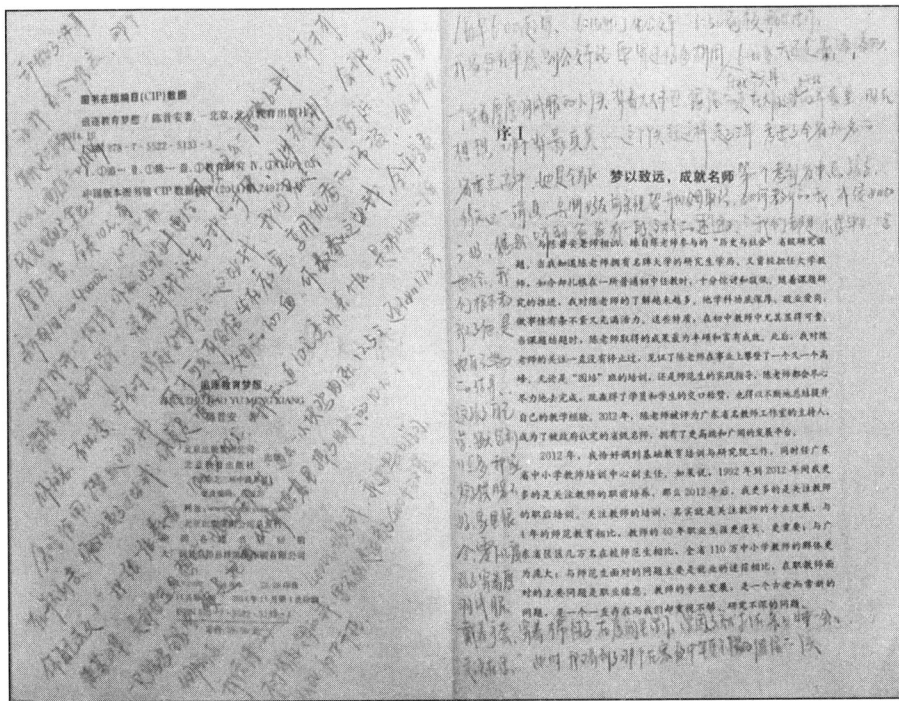

笔记掠影2

📖 笔记备注 ❷

此时，夜已深。看到书名，陷入沉思。"请问，你的教育梦想是什么？"我在与灵魂深处的那个我对话。

我是一个有计划、有目标的人，以三年为一个时间节点。每三年，我都会目标明确、干劲十足，为一个目标而努力奋斗。就是以这种方式，我实现了一个又一个小小的目标与追求。有很多人说，我很幸运，想要啥来啥。此时，我只是笑而不语。谁曾想，我走的每一步、制定的每一个目标都为此付出过很大的努力；谁曾想，中考备战之时，东北冬夜酷寒，家中零下2、3℃，我身穿厚服，手套裹手，脚着棉袜，冻到麻木仍每天学习至午夜；谁曾想，高考来临之际，我因各种原因学业瓶颈难以突破，身心备受煎熬，仍用满墙鼓励奋进的话语激励自己向着梦想进发；谁曾想，在别人选择逛街、打游戏、谈恋爱、放飞自我来虚度大学时光时，我却四年如一日地坚持每天早上五点半等候宿舍开门，一路小跑去图书馆占座，才以全国第一名的总成绩考取吉林大学历史系研究生。感谢每一个阶段都不断努力、遇到困难选择坚持的我。我的教育梦想是什么？这需要不断追寻，时过，方知答案。

2018年9月30日

笔记掠影3

📖 **笔记备注 3**

　　一语惊醒梦中人。我一直迷茫，怎样才能知道教材上哪些是重点、哪些是难点？怎么才能在考试中像有经验的教师一样压考点？我一直认为必须要有完整的一轮历史教学才可以突破教学瓶颈，树立教学自信，谁知没有抓到主要矛盾。《课程标准》都没有仔细读，怎么驾驭课程要旨？赶紧把落了灰的《课程标准》拿出来研读！

2018年10月23日

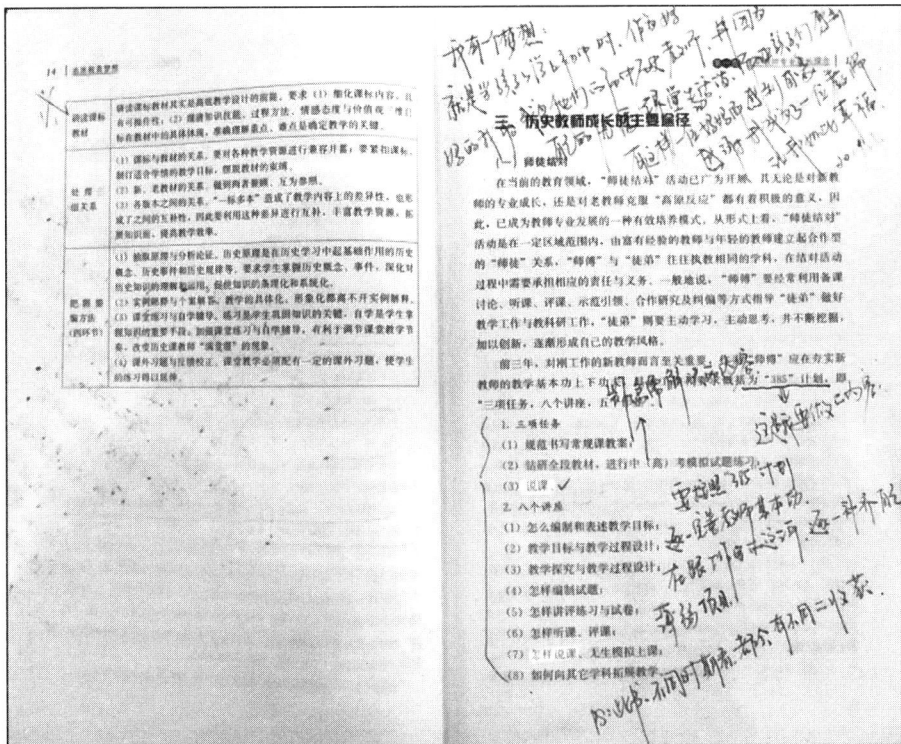

笔记掠影4

📖 **笔记备注 4**

我有一个梦想：当我自己的孩子上初中时，作为妈妈的我能成为他们的历史课老师，并因个人魅力、教学功底深厚而让孩子感到自豪。感谢我成为一名教师，让我如此幸福。

2018年11月20日

对于刚工作的新教师而言，师傅应在夯实新教师的教学基本功上下功夫，具体工作和要求概括为"385"计划，即三项任务、八个讲座、五个作业。

请按照"385"计划逐一完善教师基本功，请跟工作室学习的这三年逐一补齐自己的薄弱项目，树立职业自信！

2018年11月24日

二、感知著作思想高度，勾勒职业蓝图

"历史是古老的学科，浩如烟海的史料让人望洋兴叹，给人以厚重感；历史是年轻的学科，声光电复活了枯燥的文献，给人以生动感；历史是没有边界的学科，学者们正忙于拉着她与各学科联姻，给人以广博感；历史是严肃的学科，她延续着人类的记忆，维护着民族的文化，捍卫着国家尊严，给人以敬畏感；历史是智慧的学科，她既需要严密精准的逻辑思维，也需要天马行空的想象力，给人以神秘感；历史是传递真善美的学科，让美好的人和事流传千古，让丑恶的人和事遗臭万年，给人以正义感。"何为历史？何为历史教师？一位历史教师要走多少路才能真正成为一位优秀的历史教师？陈昔安老师以其自身的努力和成绩给我们树立了榜样。他始终明白自己要做的是什么，而且坚持不懈朝着自己的梦想努力。有梦想的人是幸福的人，有梦想的人也一定会有美好的未来。陈昔安老师坚守自己的教育乐土，脚踏实地与执着追求的热情和信念已植入其教育生命。

"业精于研，研于勤，行成于思，思于新。"没有一个人可以随随便便成功，想要拥有傲人的事业，不仅要有过人之处，还要具有坚持、肯干的实际行动，坚信天道酬勤。教师成长因素有二：

一是内因，要对自己的事业有所追求，不甘周而复始地混日子而浪费青春和精力。努力不仅为了自己内心的充实，还为给自己的孩子做榜样，希望孩子知道妈妈从事的是一份高尚的职业，且看到妈妈对教育事业的贡献与价值，在他们幼小的心灵中勾画出一个努力进取的母亲形象，用实际行动诠释天道酬勤。拙笔定思，四年前的今日，我刚刚毕业，还是一青葱少年。转眼四年光阴已逝，回望四年教师路，不忘来路，不改初心。毕业从教以来，我将新课改理念与教学实践相结合，以生为本，注重学生历史学科核心素养的发展，所带班级学生历史成绩在区统考中独占鳌头；积极探索班主任工作新路，加强班级团队建设，关心学生生活，帮助他们尽快适应寄宿生活，以校为家，全心投入学习；规划自身专业发展，不断发掘自我潜能，早日成为优秀教师。

二是外因，寻求伯乐指引、高人点拨。我走的是一条没有师傅带的野路子，执教于刚建立不久的新学校，身旁的科组同事都是与我差不多的同龄人，

大家都在苦苦追寻职业发展路线而不得法。我内心渴望有师傅，想在浑身是劲却迷茫不知所踪之时有一位高人指点迷津。我是幸运的，进入了广东省陈昔安名师工作室。我曾惶恐，怎么报答这份伯乐之恩？而今看来，唯有努力报答之，努力成为一名坚定追求教育理想的教师！

以初心致匠心，用匠心铸师魂

——读《追逐教育梦想》有感

广东省深圳市龙岗区石芽岭学校　严慧君

　　读了《追逐教育梦想》一书，我感触颇深，思绪万千。这是省级名师陈昔安老师凝结了自己几十年的教育经验和人生智慧的结晶。全书由"历史教师专业成长与发展"和"教育教学管理工作理念"上下两篇组成，分别从教师发展和教育管理两个角度诠释了陈昔安老师的教育梦想。

　　我毕业十年，正处于个人专业发展的转折期，也是个人专业发展的迷茫期。打开陈昔安老师的《追逐教育梦想》，我为自己的教育人生之路找到了新的启发和方向。

　　源于梦想，守住初心。陈昔安老师在本书的序言里详细介绍了自己丰富的人生经历，每一步的成长都源于梦想。可喜的是，无论如何辗转，陈昔安老师对教育的信念和追求不仅没有动摇，反而越走越坚定。特别是陈昔安老师到区委组织部工作的那段经历让我十分佩服，佩服陈昔安老师在每天繁忙的工作之余仍然坚持阅读专业书籍，每天保持7点半到达办公室做教育研究。一件事情坚持一天容易，难的是一直坚持做同一件事。如若不是心中有梦、心里热爱，又有何动力能让一个如此优秀的人如此执着？对比自己，我感觉十分惭愧。毕业十年，我在教育这条路上渐行渐远，似乎已经忘记自己是因为热爱教育、喜欢做教师而出发的，面对各种琐碎的事务而懒于思考、疏于进取，每天下班后鲜有时间是用于阅读、反思和总结的。细细想来，每天晚上8点到12点，足足4个小时，相当于一个上午的上班时间，我是如何度过的？刷手机、看快餐文化、煲剧、闲聊等方式代替了有质量的阅读和思考，还时常觉得自己没有时间，觉得自己过于忙碌，觉得自己迷茫。惭愧！陈昔安老师每天早上一个半小时的坚持，给了我一个警醒。

业精于勤，磨炼匠心。承蒙学校信任，我做了几年年级管理工作，曾沾沾自喜，认为自己的工作干得不错，得到了同事、领导的认可，也曾一度有点"自我膨胀"，殊不知这一切错误认识都源于自己认识太浅、眼界太窄。当我阅读到陈昔安老师关于年级建设文字时，方才醍醐灌顶。陈昔安老师写道："年级是学校的基层组织。从事年级工作要有大思维，要把年级当作学校中的'小王国'来进行管理和精细'经营'，形成鲜明的年级特色和丰富的年级文化。"好一个"小王国""大思维"，这才是年级管理的精髓。而我所谓"干得不错"的年级管理，只是在简单的上传下达上稍稍经过自己的思考去安排而已，只是把每一项琐碎的事情用心做好，而非陈昔安老师提到的精细"经营"，缺少一种"大思维"，这为我以后的年级管理工作提供了一条崭新的思路。陈昔安老师提到，教育教学管理要拥有"埋头苦干、服务至上"的思想和"务实高效、追求卓越"的目标。"俯首甘为孺子牛，扬蹄勇做千里马"，就一定能在管理岗位上为教育的健康发展增添亮丽的色彩，也一定能为个人发展书写精彩的一笔。

行成于思，共铸师魂。历史学科由于中考比重的问题，曾长期让作为历史教师的我苦恼，苦恼于没有办法像语数英等科目一样每天都有课，苦恼于不能像语数英学科一样每天都留作业，等等。但也正是因为这样的客观事实，促使我思考如何提高课堂效率，如何激发学生学习历史的兴趣。我经常跟学生开玩笑说："如果所有学科是盛宴上的菜肴，语数英等学科就是主菜，而历史则是配菜的油盐酱醋，看似油盐酱醋不那么重要，但却是必不可少的调味品，没有它，你的菜将索然无味。"或许这样的比喻不是那么恰当，但是可以让学生明白，即使历史中考折成30分，仍然非常重要。有了这一基本定位，学生学习历史的时候自然会更重视一些。因为一周课时不多，所以每节课40分钟该如何有效利用就成了我必须思考的问题。提前到教室门口候课、课前朗读，是我坚持在做的事情。候课和课前朗读既可以让自己和学生提前找到上课的感觉，即心理学上说的状态调控，又可以稍微熟悉一下新课内容，更好地学习新知识。对此，在陈昔安老师的《追逐教育梦想》第二章《历史教育教学研究》第五部分教育教研故事里，更专业、更具体地阐述了一些做法。比如，陈昔安老师提到，他在教学中特别注重设计一些情景，注重联系深圳的实际、身边的事例、社会热点问题等，让学生广泛参与讨论，并提升他们对深圳、对社会的亲切感，增强学习的兴趣，提高实际应用的能力。陈昔安老师的这一做法，真正开拓了我的教学思路。

最后，我想用陈昔安老师在中考之夜写给学生的一段话来结束我的笔记："背好行囊，踏上征程，以梦为路，带着信仰与追求，下一个路口，胜利一定会不期而遇。"

同舟共济，践行教育理念

——《追逐教育梦想》读书笔记

广东省深圳明德实验学校　　付华敏

　　读书是教育工作者的日常，终身学习才能不断更新理论和实践经验，不断促进教育教学技能、教研能力和业务水平的提高，真正践行自己的教育理念，最终实现自己的教育梦想。

　　2018年，我有幸加入广东省陈昔安名师工作室，这是我职业生涯的又一个重要转折点。在这里，陈昔安老师的先进理论、深厚经验和崇高品德使我受益良多，也结识了一群志同道合的好伙伴，我们一起研讨学习、一起出差培训，共同成长，实为人生幸事。作为工作室主持人，陈昔安老师的《追逐教育梦想》一书成为我们重要的学习资源。该书总结了陈昔安老师从教以来的教育教学及管理工作的理论与成果，以理论与案例结合的方式分享了他独到的历史教师专业成长、教育教学管理和学生教育理念。

　　首先，我喜欢先看一本书的目录，目录能够展现该书的清晰结构与大纲，可以从整体把握一本书的内容。《追逐教育梦想》一书的目录翔实、清晰，自成体系。从目录可以看出，该书分上、下篇，共六个章节，分别从历史教师专业成长、历史教育教学研究、历史学科建设、教育教学管理、学生教育、与学生的那些事等方面全面讲述了陈昔安老师的教育职业生涯及成果，其独到的教育教学理念是这本书的基石。从教以来，我逐步确立了自己的教育理念：学生的全面发展才是教师职业的最大价值所在，教师的不断自我进步才是教师职业长青的依据。愿今后跟随陈昔安老师在理论学习与教育教学实践中不断更新、完善自己的教育理念，并使之成为体系。

　　其次，读一本书要看序言和前言。该书由华南师范大学历史系黄牧航教授和陈昔安老师就职的福田翰林实验学校校长戴伟基作序。黄牧航教授谈了阅读此书的感悟，认为教师的专业发展离不开对教育梦想的追寻，离不开坚实的学科素养，离不开广阔的教育视野。戴伟基校长的序言则从侧面展现了陈昔安老师在工作中极高的人格魅力与职业素养。而陈昔安老师在自己写的前言中谈了自己的梦想，令我感同身受。梦想是每个人都有的，可是不是一直清晰的，也会发生改变。在时代潮流与彷徨中，陈昔安老师毅然地选择了投身教育，并取得了丰硕成果。我在读书时代也是一直浑浑噩噩，不知梦想为何物，直到大学毕业面临职业选择时才认真思考。在实习和找工作的过程中，我认识到教师才是最能实现个人价值和社会价值的职业。于是，我下定决心从事教师职业，大学毕业后在家苦读数月历史学、教育学、教育心理学，研究生跨专业从中山大学的考古学考入北京师范大学的历史学院。期间，由于自学日语达到一级的特长，还去了日本最好的师范类大学——东京学艺大学交换留学。果然，梦想是给有准备的人的。本科到研究生的教育经历给了我考古学、人类学、历史学和教育学的跨学科视野，给了我从广州到北京再到东京的跨地域乃至国际视野。有了梦想，我才有了前进的方向。

在前言中，陈昔安老师言简意赅地谈了他的教育教学理念，并感谢了帮助过他的许多领导专家、同仁和学生。我认识到，一位名师的养成不是孤军奋斗即可达成，还需要学校和领导创造的良好环境，需要专家、前辈们的不吝赐教，需要学生们爱的回馈。

再次，在通读全文的基础上，有选择性地精读。我选择精读的部分是目前身为青年教师发展最亟待指导的那部分——历史教师专业成长。从一名青年教师成长为专家型教师是一个持续渐进的过程，在不同的阶段具有不同的优势与不足，陈昔安老师一一指明了发展方向。今年是我从教的第六年，接近于成熟教师，依然要不断更新知识和理论并用于教学实践中，同时对自己的教学实践加以总结，专家型历史教师是我职业生涯下一步的发展目标。

历史教师成长为名师需要满足一些基本条件。从个人角度来说，敬业、勤业、精业是教师在教育教学工作中需做到的；从外部环境来说，要共创学校和工作室的学习研究氛围，利用教研组或工作室平台定位教学风格，在前辈和专家指导下制定职业发展规划都是很有必要的。感谢陈昔安名师工作室的培育，为我们提供了很好的职业规划指导、学习培训和成果发表的平台。

此外，陈昔安老师还指导了历史教师成长的主要方式与途径。青年教师最困惑的莫过于教学的改进和教研成果的形成，陈昔安老师总结了"发现问题——归因分析——行为跟进——行为改进——总结"的基本模式。但发现问题容易，行为跟进和改进却很难。无论是课题追问、小组合作，还是活动教学，方法是好的，但在教学实践中落实却困难重重。因此，从学情和细节出发，要进行合理的分组分工（组内异质、组间同质），选择合适的学习内容，全面适度地评价，实时、及时地跟进与指导，这些方法对于今后我的教学实践具有切实的指导作用。历史教师还可以通过师徒结对、网络教研、课堂观察、课例研究、试题分析、行动研究等途径成长。其中，课堂观察引起了我很多反省与思考。听课是我常做的，这是吸取他人教学经验的主要方式。但课堂观察不仅指听课（教师教学与学生学习），还包括课程性质（教学目标的实现、教材处理、评价方式等）和课堂文化。资源在课堂的利用与生成离不开开放、民主的课堂文化，良好的课堂文化可以促进学生学习效果的落实与教学目标的达成。

教师教育梦想的实现最终还是依托于学生的全面成长，陈昔安老师"爱的教育"理念也令我动容。我由一名经验不足的教师，逐渐成长为受学生、家长欢迎、信赖的教师，也许缘于我意识到了学生需要感受到教师的爱。不可否认，我一直很重视学生，但严格乃至一刀切的要求割断了我们的师生之情。如今我身为班主任，推崇为学生创造良好、宽容的成长环境，和家长沟通时也主张从细节让学生感受到爱，家校共创"亲情友善担当、自律自强梦想"的班级文化，鼓励学生自由、阳光地成长，反而带来了很好的效果。本学期我所带的七（3）班被评为"文明班级"，我也深受家长和学生信赖。

读书更是读人。《追逐教育梦想》的作者陈昔安老师，其教育理念值得推崇，教学教研水平值得认可，对教育梦想的坚定追逐精神更是引人共鸣。感谢陈昔安老师繁忙工作之余对我们学员的指导，感谢在广东省陈昔安名师工作室一起努力的同仁们，2018年遇见你们是我教师职业生涯中最大的幸事，愿2019年同舟共济，朝着教育梦想携手共进！

读《追逐教育梦想》有感

广东省深圳市盐田区实验学校　刘延微

有幸利用闲暇时间拜读了陈昔安老师的《追逐教育梦想》一书，我受益匪浅。这本书给我以心灵的震撼和洗礼，如同一位老师在对我传道、授业、解惑，为我指点迷津，对我在教育生涯中所遇到的困难及时给予帮助，使我对以后的工作充满信心。

一、教学观

"教师的专业成长与发展既需要拥有先进的教育教学理念，更需要拥有与教育改革和发展精神相适应的教育教学行为。"

一位教师要想在教学上有所进步，不但要有丰富的教学实践经验，更要与时俱进，多看与专业相关的书籍，让阅读成为一种习惯。在阅读教育论著的基础上进行教学方式方法的创新，不断地钻研，让自己的教学充满生命力。在自己平时教学的基础上，针对出现的教学问题，积极写反思，在反思的基础上形成论文，积极开展针对教学问题的课题研究。陈昔安老师有一句话："教学是立身之本，千万不能丢！"

二、管理观

"一枝独秀不是春，百花齐放春满园。"

读了教研组建设这一项目，我深有体会。我本人就是历史科组长，但在很多方面做得不够好。一个优秀的科组不能单靠一个人或两个人的力量，需要一批优秀的教师，需要科组的整体实力。我们学校是一个新开办的学校，青年教师较多，作为资深教师更要发挥带头作用，积极帮助青年教师适应学生、适应课堂，经常随堂听课，给予指导。在专业上跟进，在生活上关心，让青年教师在教育教学方面不断成长，才能使整个科组的实力越来越强大。单打独斗不是长久之计，团结奋战才能创造辉煌。

三、学生观

"只有当教育者走进受教育者心灵的时候，教育的价值才能体现出来。"

在这一部分中，我学习到了如何走进学生的心灵，如何构建和谐的师生关系。我常常困惑，我教学时很努力、很认真，学生的成绩也很好，但是为什么有些学生不喜欢我，甚至疏远我。今天，我在陈昔安老师的书里找到了答案："假如老师只是为了完成教学任务，并没有把学生当作情感交流的对象，不去关注学生的主体意识，不关心学生的精神世界，不把学生的喜怒哀乐放在心头，忽视学生的存在，只顾传授课本知识的话，学生对老师也必然是敬而远之，不会有真情。"

尊重、爱、交流才能构建和谐的师生关系，教师不仅要爱优等生，更要关爱后进生。俗话说："良言一句三冬暖，恶语伤人六月寒。"教师要经常赞美学生、鼓励学生，他们才能向我们希望的方向发展。

总之，读了这本书之后，我重新审视了自己的教学、科组管理以及师生关系，心中的困惑也都在这本书中找到了答案，这是一本值得反复阅读推敲的好书。我将按照书中的做法，重新规划自己的教育教学工作，力争在2019年取得更好的成绩！

根之茂者其实遂　膏之沃者其光晔

——读陈昔安老师《追逐教育梦想》专著有感

广东省深圳市福田区上沙中学　段昆仑

研读陈昔安老师的专著《追逐教育梦想》，回顾相识、相知、相交历程，探寻陈昔安老师从优秀到卓越的成功秘籍和专家型教师的特质，感悟教师专业发展不但离不开勤业、敬业，而且更需要精业、乐业，才能担负起新时代的教育大任。

2005年，我与陈昔安老师同时进入福田区两所新开办的初中——上沙中学和翰林学校，一南一北遥相呼应。我和陈昔安老师既有历史与社会培训中的初识相知，也有接棒其担纲的课题专著统稿的追随相交，更有对其领衔广东省名师工作室风生水起业绩的钦敬神往。2018年承蒙厚爱，我加入其主持的广东省名师工作室，亲聆教诲，近距离请益，并获赠大作《追逐教育梦想》，拜读后生发无限感慨和憬悟。我自认是个具有教育自觉并不懈追逐教育梦想的教师，经历时间的淘洗和教育的沉淀，取得了一定成绩，但与陈昔安老师的丰硕成果和学界贡献却判若云泥！陈昔安老师做出常人不能企及的业绩有何秘诀？出类拔萃的特质有哪些？是我加入工作室的初衷和研读其专著的关注焦点。

多年的读书体验，我悟出一个道理：捧读的书是冰山浮现在海面上雄伟壮丽的一角，作者的丰富经历则是深藏在水底下巨大的、坚实厚重的部分，二者是无法分割的一体。只有将二者结合在一起，相互参照，探究其内在的互文性，才能更深入而全面地研究文本的来龙去脉，体味其深蕴。因此，我不揣浅陋，谈一谈读书阅人的感悟。

一、心住一成纯，树人唯恐倦

"敬业，作为教师，就是敬重自己的教育事业。"这是每一位教师述职时无一例外的自我认知，但为什么职业倦怠如影随形挥之不去？也许陈昔安老师丰富的历练和"爱的教育"理念会给我们启迪。

1. 燃起教育之火

2012年，福田区教研中心历史与社会教研员孙利秋老师主持课题《中学生历史与社会学习方式转变的实践研究》，课题组准备编撰专著《生本课堂是怎样炼成的》，前期已做了大量工作的陈昔安老师因忙于广东省名师工作室等诸项事务，孙利秋老师动员我接手完成统稿工作。在课题组教师的共同努力下于2013年正式出版。编著期间，我对陈昔安老师负责撰写的绪论印象深刻。既有理论高度，又很切合区域实际。更让我讶异的是，孙利秋老师说我整合的五个篇目导语的文笔和陈昔安老师撰写的绪论没有违和感，并特别强调陈昔安老师曾在大学教过书，让我不胜荣幸，也对陈昔安老师的履历很感兴趣。

今读《追逐教育梦想》的前言，我对陈昔安老师奋斗的历程有了清晰的脉络，更感受到他对教育的热忱来自"从武汉到深圳，从大学、中专、小学到中学"的沉浮与磨砺，来自"从开始的不屑、到适应、到现在的热爱"，来自机关锻炼后的返璞归真，"逐渐看到了属于自己生命中的那盏明灯"。学生渴求知识、寻求帮助的眼神，燃起陈昔安老师的教育之火，逐渐融入血液。

对于待过机关、供职过企业又转投教育的我来说，感同身受。愚以为，陈昔安老师与机遇擦肩而过是教育的幸事，他身上的学者气质和文人情操更适合教育这方圣地，坚守教育是他理性的选择，因为育人是能穿越时间且具有价值的事业。他连续主持三期广东省名师工作室，闯出一片晴空，对教育事业更加爱之深、思之切、行之至！有同事对我参加工作室不解，我想这与我的经历带来的惜福有关。教育是我觅得的乐土，岂可辜负，所谓"学求其于世有济，事行乎此心所安"！

2. 耐得住平凡

陈昔安老师由切身经历的彻悟告诫同人应该善待平凡，实乃真知灼见！记得加入工作室后，我第一次和陈昔安老师交流时抱怨现在的学生越来越难教，他开导我："真正留在我们身边从事各项工作的学生大多是我们认为的'学困生'，我们有责任把他们培养好！每当在社区遇到教过的学生，虽从事平凡的工作，但热情打招呼时，都很有成就感！"

当时我认同陈昔安老师的说法，但还转不过弯来。及至读到书中这段话："目前由于受实用主义思潮和片面追求升学率的影响，不少学校的历史教学得不到应有的重视。面对这种现状，历史教师必须以敬业作为自己的精神支柱。历史学科是六大基础学科，历史知识是构成人类素养的基本要素之一。"方才体悟到我们挂在嘴边的"尊重学生差异，面向全体学生"的理念不自觉地让位于考试的指挥棒，忘却初心，把教书变成教考，把育人丢到爪哇国，真的如芒在背。利用假期，我把自己曾主持的班级分层教学的课题结题报告重新整理，重温曾经的教育情怀，丰盈自己的教育智慧。

当然，平凡不等于平庸，不等于不思进取，不等于做一天和尚撞一天钟，而要投入心智，有所创造，在平凡中创造不平凡，利用学科魅力和学识才情，让学生亲其师，信其道，受用一生。特别是进入高原期的优秀教师，更应走出舒适区，寻觅新的突破，走向卓越。

3. 修炼爱的能力

我一直把弗洛姆"爱，是一种给予人幸福的能力"的箴言奉为圭臬，但尚感力有不逮，甚至时有迷茫和彷徨。

读陈昔安老师的《业精于研，研于勤，行成于思，思于新——我的教育科研故事》，颇感仁者作风。他的学生也存在学习习惯和行为习惯欠佳、基础较差等令人烦忧的问题，但他悦纳莘莘学子，反求诸己，找准让学生喜欢历史学科的突破口，做到春风化雨、润物无声。不到半学期，每次走进教室都能看到学生愉悦和渴望求知的眼神，即使几个在年级有名的学困生学起这门课也是格外的精神，甚至学习成绩在班里比较突出。我们渴盼的赢得学生发自内心喜爱历史和尊重教师的愿景，在陈昔安老师的教育教学中成为现实。

究其原因，陈昔安老师更有智者气象，有丰盈的教育智慧，给莘莘学子更加醇厚的、富有营养的课堂。他的秘籍是借助集体备课的优势，集思广益，丰富和拓宽知识面；精心设计并制作课件，向课堂要效益；实施情景教学，让学生广泛参与讨论，激发学习兴趣；采用"严"与"放"并重的策略，管理好课堂；和学生分享自己的人生感悟和价值追求、游历见闻和感触，引导学生健康人格的培养。而在作业管理和单元检测方面，陈昔安老师采用既严格管理又百般"呵护"的策略，所教五个班级的成绩一直居年级前茅，更有深圳市历史与社会学科状元石钟鸣同学脱颖而出。陈昔安老师还带领历史与社会科组获得全区中考总评成绩第二名的佳绩。

陈昔安老师沉淀出"爱的教育"理念："要给人以阳光，心中就必须拥有太阳，把心交给学生，把学生装进心里，阳光就会更灿烂。"堪为我们学习的楷模。读了《我与学生的那些事》的动人故事，特别是《学生心中的老师》的感人美篇，就绝对不会认为陈昔安老师的教育理念是凌空蹈虚，而是师生心灵激荡、教学相长的结晶，是学生人格重塑、心智成长的馈赠。

二、学要三熏沐，精进无息时

掩卷沉思，冰心先生的诗句总萦绕于心："成功的花，人们只惊羡她现时的明艳！然而当初她的芽儿，浸透了奋斗的泪泉。"但又感觉这只是道出了陈昔安老师日无暇暑的勤业之一二。作为广东省初中历史教学的殿堂级名师，陈昔安老师身上分明有心专志一的敬业和甘之如饴的乐业。无论是专业发展还是学校管理和社会工作，又或是培养教师，陈昔安老师长期坚持，积累出骄人的业绩，更值得探寻和学习。

1. 学知不足，业精于勤

我刚开始从教时，激情满怀，2007—2009年参加深圳市历史与社会说课比赛暨学科教研培训，写就感怀、侧记、综述三篇论文，得到深圳市历社教研员宾华老师的褒奖，并发表在《深圳教学研究》《特区教育》上，从此开启了我的教研之路。

但读了陈昔安老师的著述，便知与他的功底相比，自己逊色不少。不仅与他的研究生学历和高校从教的经历相差甚远，更重要的是自己的钻研精神与之相比也不够，从他撰写文章引述的参考文献便可以看出自身差距。因为持之有据，陈昔安老师的行文立意高远，内容言之有物，均源自他教学实践的不懈探索。陈老师如是说："前两年，我把大部分精力都放到这门学科的研究上，甚至周末和寒暑假我都在钻研课标、教材，进行大量的练习，学习研究教学教法，以及学科前沿的热点问题。"由此形成的教学教法研究切中肯綮，读来受益良多。

让我更感兴趣的是，陈昔安老师关于历史教师专业成长理念的阐述具有规范的研究范式，对于教师个人成长跨越以及学校教师团队建设很有指导意义。而其课题研究成果之扎实深入、技术手段的运用和研究成果之分析独到，为一线教师从事教研提供了宝贵的范本，值得精研细磨，认真践行。

2. 独行迅疾，众行久远

钱锺书先生尝言："大抵学问是荒江野老屋中二三素心人商量培养之事，朝市之显学必成俗学。"不经意间拨动了我的心弦，如同画面一样刻在记忆里。2018年暑假，我深居不出，读了十多本书，与大师对话，撰写了心仪的《探寻科举制与唐诗繁荣的津梁，做学生历史理解的摆渡人》。当我满怀期待地呈给陈昔安老师指导时，他一句话惊醒梦中人："我们从事基础教育，历史教学研究是我们的主阵地。"

陈昔安老师在2012年获得广东省教育厅组织的第二届"以身立教，为人师表"主题征文优秀奖的《从"敬业、精业"中享受"乐业"》文章中写道："历史与社会是一门新课程，需要研究的领域和问题非常多。""六年间，不管教学和管理工作有多忙，我从来没有倦怠教学研究工作。当然，研究工作主要在业余时间完成。"从其发表的近40篇论文和研究的6项国家、省、市级课题可以看出，陈昔安老师对历史教学研究的方向和路径都有精准的把握，对历史教育立德树人的学科价值有强烈的使命感。

更让我感佩的是，作为历史与社会科组长和学科带头人，陈昔安老师觉得一个人的优秀不足为奇，全组人优秀、科组发展才是最重要的。经过探索和努力，他将一所新办学校的历社科组带领发展成为"深圳市先进科组"（2007）、"深圳市示范教研组"（2009），科组100%的教师获得省级以上"优秀教师"荣誉，或获得全国、省级教学比赛多项奖项，实现了学科的跨越式发展。如此优秀的学习共同体，为陈昔安老师开展名师工作室工作奠定了坚实的基础。

3. 深处扎根，高处拓展

每一个成功者都有自己关键的几步。当我参加深圳市历社学科培训作壁上观、退而结网撰写感怀时，陈昔安老师已作为说课比赛的评委审视选手的得失；当我使出洪荒之力写就深圳市历社说课比赛综述向《中学历史教学参考》投稿，张副主编建议我提高文稿理论高度时，陈老师已在为广东省省级历史骨干教师做有关说课的专题讲座。

精诚所至，金石为开。而今，劳谦君子陈昔安老师业已成为广东省历史教学教研的擎灯者：广东省"第二批"（2012—2015）、"新一批"（2015—2017）、"新一轮"（2018—2020）广东省名师工作室主持人；广东省中学历史课程教材改革与发展研究项目组成员；广东省中小学教师研修专家库专家；

广东省教师继续教育学会专家库专家；"国培计划"、广东省"省培计划"历史骨干教师培训授课专家；华南师范大学教师教育学部兼职教授；华南师范大学历史文化学院教学技能竞赛评委库专家；深圳市中小学教师评审专家库专家；深圳市教师资格认定教育教学能力测试考官等。顾影自怜，2015—2017年我参加深圳市张玉彬教育科研专家工作室，未敢稍懈，笔耕不辍，举办讲座，受益颇多，被深圳市教科院评为"优秀成员"。

行文至此，我依稀听到太史公"高山仰止，景行行止。虽不能至，然心向往之"的喟叹！

子曰："知之者不如好之者，好之者不如乐之者。"陈昔安老师成功的秘诀，一言以蔽之——乐业！细分则有四要素：勤业——焚膏继晷，宵衣旰食，深耕细耘；敬业——谋而后定，蓄势而发，行且坚毅；精业——精心研修，视野远大，格局宏阔；乐业——定向积累，博施济众，达己达人。

放飞梦想　成就教师专业发展

广东省河源市第二中学　彭君红

陈昔安老师赠书，我实在是受宠若惊。翻阅《追逐教育梦想》，犹觉翰墨留香，字里行间不仅是老师的教育梦想，也是对学生的殷切期望。一字一句，倾注着导师的心血。每每细读，均有醍醐灌顶的感受，与《追逐教育梦想》相见恨晚。陈昔安老师学识渊博、名师典范，能师从陈昔安老师，实在三生有幸。我日后当以陈昔安老师为楷模，鞭策前行。特做读书笔记，以示对陈昔安老师的敬意，并作为自己教学教研的指南。

上篇：历史教师专业成长与发展

一、历史教师专业成长理念

教师的专业成长与发展既需要拥有先进的教育教学理念，更需要拥有与教育改革和发展精神相适应的教育教学行为。这种不断成长和发展的过程，就是从青年教师到专家型教师的过程。

（一）历史教师成长的观念内涵

1. 解惑自己得先"获"

要想成为一名成熟的甚至专家型的中学历史教师，需要一个漫长的过程。整个过程需要教师的努力，这种努力首先取决于教师对自身成长规律的清醒认识与把握。"师者，所以传道受业解惑也。"解惑，自己得先"获"。

新课程实施给学科教师带来了许多新的挑战，一位不断成长的优秀青年教师，应时时提升自己所从事历史教学领域的"学科专业知识和课程实施的技术"。实际上，历史教师要真正做到专业化和专门化，是需要本学科专门的知识和技能来做后盾的，这是我们追求可持续性发展的预期准备。

2. 要有未来意识

教师是为学生的未来发展服务的。未来是个什么样子，其基本发展趋势如何，教师不得不为学生认真考虑。这不仅是为学生的未来长足发展着想，为祖国的兴旺服务，也是教师自身专业高效率、高质量的有效成长所必需的。教师的专业成长就是这样一个不断靠近理想并实现理想的过程，是一个长期乃至终生奋斗不已的过程。在这里，不会有一劳永逸的专业成长结果，教师必须在变动不居的未来情势中不断寻找平衡点和突破口。

3. 历史教师专业化成长具有阶段性、多样性、丰富性

作为一名教师，其教学思想主要体现在教育观念上，包括对教学、学生、自身、教育质量等一系列看法，并在其教学行为中反映出来，这是通过学习、实践、自身素质、集体影响、环境培养等多方面因素形成和发展的。因此，要想成为一名专家型历史教师，还需在历史教育的舞台上不断创新、不断发展，逐步形成具有自己特色的历史教育理论和教学实践。

（二）历史教师成长的主要方式

1. 教师的专业成长

历史教师的专业化成长，必须时刻从自己的历史教学实践中通过"给定——目标——障碍"的途径寻找教学问题，并加以研究与思考。历史课堂教学问题的获取方法可以是观察、调查、访谈和测试。我们知道，历史课堂教学问题的产生是多方面的，弄清主因是历史教师的责任所在，并加强研究、归因分析、找出症结、进行诊断，实行教学质量的最大化。

2. 关于行为跟进

"行为跟进"以"跟"字为着眼点，强调模仿与学习，其意图于在积累经验和夯实根基，是历史教师从教以后的必经之路；"行为改进"以"改"字为着眼点，注重反思与研究，即教师从教学行为中发现问题，通过理性对照和实践验证，逐渐脱离"匠"字束缚，走向研究者之路。

3. 关于课堂追问

在历史教学过程中往往会遇到这样的情况，教师提出的问题学生无法给出满意的答案，或无法达到预设的教学效果，甚至有时候学生无法正确理解问题本身的含义。因而，教师设置问题要注意有效性，充分考虑问题的开放性、启发性和创造性，对学生的回答也要给予恰如其分的评价。

（三）历史教师成长的主要途径

在当前的教育领域，"师徒结对"活动已广为开展。无论是对青年教师的专业成长，还是对资深教师克服"高原反应"，都有着积极的意义，因此已成为教师专业发展的一种有效培养模式。从形式上看，"师徒结对"是在一定范围内由资深教师与青年教师建立起合作型的"师徒"关系，"师傅"与"徒弟"往往执教相同的学科，在结对活动过程中需要承担相应的责任与义务。

一般来说，"师傅"要经常利用备课讨论、听课、评课、示范引领、合作研究及纠偏等方式指导"徒弟"做好教学工作与教科研工作；"徒弟"则要主动学习、主动思考，并不断挖掘，加以创新，逐渐形成自己的教学风格。

前三年对刚工作的青年教师而言至关重要，作为"师傅"应在夯实青年教师的教学基本功上下功夫，具体工作和要求概括为"385"计划，即"三项任务、八个讲座、五个作业"。

（四）历史教师成长的基本条件

1. 勤业是成为名师的奠基石

勤业，首先要求教师善待教育教学的每一个环节，善待每一名学生，全心投入，一丝不苟。对历史教学要坚持从严从实，认真做好备课、上课、作业批改、辅导、考查、课外活动等六大环节。

对待教育，要把育人放在首位，在学科教学中重视理想、道德、情感价值观的有机渗透。对待班主任工作，主要通过对学生的细致观察与平等沟通，激发学生的进取精神和自我管理能力。备课是教学的第一环节、最基础的环节，也是一项再创造的工作，所以要在备课中投入较多的精力。除了关注知识结构的逻辑性、突出重点和难点、教学方法与学生的匹配外，尤其重视知识的科学性和学生的可接受性。对教材中出现的基本概念，如感到捉摸不定，一定要下功夫去查资料或向专业人员、同行讨教，直至找到满意的答案为止。

2. 精业是成为名师的核心内涵

精业，狭义地讲就是精通自己的业务。但从广义的视角看，精业涉及扎实的专业功底、丰富的相关知识、较强的教育教学能力、较多的理性思考、较新的教育理念、较强的科研能力、一定水准的科研成果、鲜明的教学特色及与之相匹配的教育教学效果等多项内容。其中，教科研的水平和成果是衡量精业水准的重要标杆。

二、历史教育教学研究

教育需要不断创新，创新则需要精益求精、孜孜不倦的研究精神。因而，教师进行教育研究要"精、勤、思、新"，即"业精于研，研于勤，行成于思，思于新"。

（一）教学研究法

历史与社会课堂教学"五法"，即兴趣教学、问题教学、合作学习、研究性学习、大单元宏观教学。

开展大单元宏观教学是根据学生的认知特点和学科特点重新整合教材，把教材分为若干大单元来系统规划教学。这样不仅能克服现行教材缺陷，方便学生学习的需要，也是历史与社会学科综合性、整体性特征的要求。

在教学的安排上，教师不是照本宣科，而是打破教材编排的固定模式，按系统的思路重新组织教材，为学生提供一个宏观的历史与社会场景，引导学生展开探究性学习，从整体上安排教学。

在教学过程中，教师不拘泥于一招一式，而是充分发挥学生的作用。教师的教学设计没有分毫不差的各环节，主要是在保证学生既有兴趣的前提下围绕各个问题自主学习。课堂早已不是45分钟的概念，而是通过研究性学习向课堂以外延伸。

（二）教学反思案例

如何让历史与社会学科发挥思想政治教育作用

——《母亲河》教学反思

教书和育人是密不可分的，在历史与社会学科的教学中更显重要。教学开始以学生熟悉的王力宏的歌曲《龙的传人》（Flesh音乐）开篇，凸现母亲河——黄河、长江在中华民族的重要位置，从而拉开了思想政治教育的帷幕。在近距离了解母亲河、歌颂母亲河的美丽和伟大后，通过一组图片让大家强烈地感受到母亲河在"哭泣"。

调动学生情感是上好这个环节的首要条件。用一幅幅触目惊心的图片展示母亲河遭到人类无情的破坏时，课堂上顿时沉闷起来，显然学生的心灵受到了震撼，激起心中保护和治理母亲河的崇高责任心及使命感也就水到渠成。

此外，课堂结尾再次播放歌曲《龙的传人》，既做到首尾呼应，和课堂中间"歌颂母亲河""哭泣的母亲河""保护和治理母亲河"活动联系在一起，更让这堂历史与社会课形成一条鲜明的思想教育主线，而学生此时听到这首歌的心情和开始也是截然不同了。

三、历史学科示范引领

专业引领要崇尚"和谐求进、合作创新"的理念，即在工作中实践、在实践中研究、在研究中总结、在总结中提升。名师工作室要成为每位成员、研修人员和来工作室学习的教师合作交流、发展进步、展示成果的舞台，成为骨干教师成长的摇篮和教师专业发展的乐园。

陈昔安名师工作室学习计划如下：

1. 认真组织学习，提高理论素养

加强学习，不断提高理论素养，才能始终占领理论"制高点"。工作室统一订购一批教育教学理论书籍和历史教学专业杂志，将组织所有成员，采取集中学习和分散自学相结合的形式，加强理论学习，及时做好读书笔记和心得体会，进行定期交流。并寻求合适的时机，采取"走出去、请进来"的方式，聆听专家学者的授课和讲座，为工作室成员的成长打下坚实的理论功底。

2. 狠抓课堂教学，努力形成风格

立足课堂，积极探索新课程背景下高效课堂的教学模式，为全省新课程的实施起到有益的补充作用。工作室所有成员将深入到名学校和名教研组，通过听课、评课等途径，为教育教学研究取得第一手资料。通过成员自身同课异构、开设讲座等形式和活动，相互学习，提高教学水平。帮助工作室成员在教学风格和特色上下功夫，让每位成员具有高品位的教育教学艺术，能够按照教育规律和学生的心理规律，智慧、艺术地教育学生，灵活、技巧地驾驭课堂教学，进而形成自己的教学风格和教学思想。

3. 积极从事科研，提高自身品位

陈昔安工作室将以"提高历史课堂教学有效性的教学策略研究"为切入点，引导全体工作室成员以课题为抓手，积极探索课堂教学案例，积累大量鲜活的案例素材，尤其是探究性学习的新素材，为提高课堂教学的有效性探索新路。

下篇：教育教学管理工作理念

一、教育教学管理

教育教学管理，要拥有"埋头苦干、服务至上"的思想和"务实高效、追求卓越"的目标。"俯首甘为孺子牛，扬蹄勇做千里马"，就一定能在管理岗位上为教育的健康发展增添亮丽色彩。

勤学苦练，追求卓越，成为教学一线"中坚"。历史与社会课是因新课程改革而诞生的一门综合课程，涉及历史、地理，政治、经济、法律、社会等学科的知识，知识面相当广泛，对教师的综合素质要求较高。而我从事初中历史与社会学科的教学，并担任教研组长、学科带头人，都是第一次。虽然没有很多经验，但我相信，经过辛苦努力、勤奋钻研，一定会有好收获。

二、学生教育理念

学生教育，要树立"爱的教育"理念。教育是一种精神活动，也是一种脑力劳动，只有当教育者走进受教育者心灵的时候，教育的价值才能真正体现出来。"要给人以阳光，心中就必须拥有太阳，把心交给学生，把学生装进心里，阳光就会更灿烂。"这是我教书育人的信念，也是让我永葆活力、激励我不断前行的力量源泉，也使我在学生、同事心里永远都那么年轻、那么快乐。

（一）交流是构建和谐师生关系的钥匙

随着年龄的增长，学生的知识面越来越宽，世界观、人生观逐渐形成，他们有了解和被了解的渴望，也有被理解、被关注的渴望。师生之间只有通过交流才能增进师生的情感，让学生了解教师的所思、所想、所好、所恶，也让教师了解学生的快乐与烦恼。

假如教师在上课时能通过各种途径加强师生交流，哪怕一个赞许的动作、一句表扬的话、一个微笑都会对学生产生影响，都是在和学生进行情感交流。这样的教师上课，哪个学生不愿听呢？一位教师在平时如果注意和学生加强交流，使学生感到教师很关心自己，那么这位教师在学生心目中就具有亲和力。师生关系融洽了，学生上课时不仅更容易接受老师，也会更积极地参与这堂课的教与学。正因为有了平时这些情感交流作为基础，课堂的氛围一定会很融洽，学生学习的兴趣就会很浓，热情会很高，注意力怎会不高度集中呢？

（二）让我们走入学生的心灵

苏霍姆林斯基在许多条建议中都提到，教师要提高自己的教育素养，就是要"读书，读书，再读书"，要把读书当作第一精神需要，当作饥饿者的食物，要有读书的兴趣，博览群书，在书本面前坐下来，深入地思考。教师要想提高自己的教育水平，就需要持之以恒地读书，不断补充自己的知识，使自己的知识海洋变得越来越宽广。

三、我与学生的那些事

师生关系是在教育教学过程中形成的教师与学生的关系。在我看来，要达到教育教学的最佳效果，必须要构建和谐的师生关系，师生之间需要有足够的平等和民主的交流氛围，教师应与学生平等以待、彼此尊重、一起探讨、碰撞火花、传递智慧、锻炼思维、共长知识、共促发展。

同学们，成长路上，我们一路相伴

——以此自勉

亲爱的同学们

轻轻地，你们走了

正如你们轻轻地来

明天

你们将从翰林起飞

继续前行

用奋斗和汗水

成就你们的梦想

亲爱的同学们

轻轻地，你们走了

正如你们轻轻地来

我轻轻地挥一挥手

祝福你们

明天更灿烂

前行路上

有老师永远相伴

以梦为马　教书育人

——读《追逐教育梦想》有感

广东省汕尾市华南师大附中汕尾学校　李相楠

　　《追逐教育梦想》是陈昔安老师关于历史教师专业成长和教育教学管理工作理念的专著，从理论和实例两方面对历史教师的职业发展做了细致地探讨，可以说是历史教师的一本教育工作指南。

　　教师是一个职业，只有把这份职业当成事业来做，才能做得更好，这也是历史教师生涯规划中非常重要的一点。从陈昔安老师的字里行间，我们可以清楚地感受到陈昔安老师的教育情怀，而这份情怀也是陈昔安老师取得一切成绩的源动力。如果我们事先就把教书育人当成是一个维持生计的工作，那么许多发展都将无从谈起。本书第5页给出了一个《历史教师专业化成长阶段表》，将历史教师的专业成长分为了四个阶段：起步阶段、成长阶段、成熟阶段和专家阶段，并对每个阶段所需的时间、优势、不足和发展方向做了清晰地分析。对照这个表格，我们可以系统地规划自己的教师生涯，而这个过程需要用心付出。工作的前三年属于起步阶段，主要是适应教学流程，探索适合自己的教育模式，并适时更新自己的教育理念。这期间，慌乱肯定是有的，忙碌也是必需的，但只要用心总结思考，一定会有所收获。反之，疲于应付工作，只求简单完成任务，那么这个起步阶段恐怕还要更长时间。三年以后就要有意识地积累经验，形成实战性较强的教育策略。这个时候，我们需要的是反思，有些时候甚至要敢于推翻自己不太成熟的教育模式。经验有时候是靠不住的，因为教育环境是在变化的，我们要做的是在实践中不断完善自己，进而取得更大的发展。我个人认为，初中历史教学，趣味性是很重要的，我们要能给干枯的历史注入趣味的活水，让学生愿意去学。其次，要有题库意识，这对中考历史备考是很有帮助的。本书第23页也提到了试题分析，这也是"提升历史教师专业素养的有效途径之一"。

本书第8页到第14页讲述了历史教师成长的主要方式：发现问题和行为跟进。在实际的工作中，"发现问题"很容易。但在"行为跟进"上，我们有时候做得还不够。关于课堂追问，教师要"建立提问原则，把握提问方向"，注意"新颖性、层次性、开放性、适时性和应用性"。关于合作学习，教师要"进行合理的分组分工，选择合适的学习内容，全面适度的评价和教师适时的指导"。面对不同的学生、不同的知识点，我们要能选择合适的教学方法。在备课的时候，先根据实际情况确定一个总体的教学原则，如怎么设计提问、该不该组织小组讨论、拓展哪些内容等，即先设立一个课程的骨架出来。然后再以此为线索，不断添枝加叶，用丰富的史料、习题充实课程。最重要的是课后，一定要根据教学效果修改完善课程。现在，初中历史都统一用部编版教材，但是有些地区还是存在新老教材混用的情况。今年中考，省考纲也出现了大幅度的变化，这就对教师的知识整编提出了更高的要求，但只要把握好书中提到的"课标与教材、新教材与老教材、各版本教材"三组关系，就不容易迷失方向，能够以不变应万变。

本书第84页是一篇单元复习课的教学设计，为我们的复习课提供了模板。由于学生已经学习过相关知识，所以复习课上不用对知识点进行详细讲解，只需用线索大笔勾勒出知识地图即可。把大量的时间还给学生，用大量的综合性的习题训练学生的答题能力和技巧。

书中还有很多实用性非常强的理论和案例，细细品之，获益匪浅。陈昔安老师的教育理想和教育足迹为我们树立了一个标杆，也为我们提供了指引。在历史教育这条路上，有了方向，我们才能走得更远。

不忘初心，永做教育的追梦人

——读陈昔安老师《追逐教育的梦想》读书笔记及感想

广东省深圳市南山外国语学校（集团）文华学校　刘栋梁

每个人都有自己的梦想，每个人的梦想都不同，这些梦想共同构成了社会前进的动力。读了陈昔安老师的《追逐教育的梦想》一书之后，我的想法变了。我认为，这个时代有一批像陈昔安老师这样追求教育梦想的名师引领前行，是教育之幸、国家之幸。

陈昔安老师的工作经历可谓多姿多彩，从大学、职院、中专，再到小学、中学，既有一线教学经历，亦不乏行政、组织工作，可谓既接地气又高屋建瓴。但是陈昔安老师始终不忘初心，钟情于教育事业，令我肃然起敬。我走上历史基础教育之路实属巧合，更为感恩之举。我是2013年参加的高考，那年高考的数学被称为"史上最难的高考数学试卷"，几乎所有考生都是哭着走出考场的。当时我虽然没哭，但感觉告诉我，这次会考砸（此前我数学都是140左右的成绩），所以我神情落寞地走出考场。望着我不同寻常的表情，饱经风霜的父母欲言又止，只好带我回家。回家后，我把自己关在房间，无精打采地进行下一科的复习。这个时候，我的班主任历史老师特意给我打了一个小时的电话，他在电话中分享了他所知道的情况，然后鼓励我第二天发挥出自己应有的水平。班主任的一席话，让我重拾了信心。第二天的考试我发挥出色，顺利地进入重点大学。在填报志愿的时候，我毅然决然地填写了历史专业和师范专业，为了感恩班主任老师的一席话改变我的命运，更是希望我以后像高中班主任一样帮助学生改变自己的命运，成就精彩的人生，为国家做出更大的贡献。在多次听了陈昔安老师的讲座和阅读了陈昔安老师的著作后，我庆幸遇到了陈昔安老师这样的名师引领，能让我在教育的道路上不断前行。

陈昔安老师认为，义务教育阶段，历史教学改革有巨大的提升空间。我非常赞同陈昔安老师的观点。这些年的历史教育教学改革应该说只是在一定程度上改变了过去历史课堂填鸭式的教学方式，历史课堂热闹有余，培养学生的思维深度不够，通过历史教学触及学生灵魂深处的案例和范例并不多，仍具巨大的改革空间。随着国家日益重视意识形态领域，历史课堂大有可为。历史课堂是目前学生接受人文教育、培养家国情怀的主要阵地。通过历史事实来说明做人做事的原则，比单纯的说教效果会好很多。历史课堂还是学校德育课程化的主要阵地，历史学科可以开发出多种德育校本课程。目前，我在学校牵头开发的历史类校本课程有《中国地缘政治分析与展望（初中生版）》《国际经济回顾与展望（初中生版）》，在学生中反响良好，目前正在不断完善中。

从专家、同事到学生称赞陈昔安老师的字里行间，我深刻地感受到，陈老师用"爱"成就了学生眼中的偶像、同行眼中的领头人、校长眼中的得力助手、专家眼中的名师形象。用爱心感化学生，改变学生的人生轨迹，做学生生命中的贵人，是我在仔细阅读了这本书之后的感悟。当初我填报历史师范专业志愿，正是凭着对班主任老师的感恩之心而做出的决定。做了历史教师之后，我也尝试用爱心去关心每一名学生，但是学生反馈给我的却是不一的答案。我曾经迷茫过、倦怠过，后来只是靠着对教育的赤诚之心在做事。但是读了陈昔安老师的这本书，我认为自己还是做得不够，缺乏技巧和方法，缺乏教学经验的积淀。

加入工作室之后，我得到了陈昔安老师、李念老师等工作室名师的引领，更是得到工作室同仁的帮助，在思想理念、教学风格方面有所提升。在陈昔安老师和李念老师的指导下，我逐步改进了自己的教育教学理念，争取做优秀的历史教师，设计精致的历史课程，引导学生最做好的自己，成就学生的精彩人生。

在生活中，我也得到工作室同仁的大力帮助和指导。例如，我在准备工作室说课比赛活动时，家中长辈突然去世，我不得不飞回老家处理长辈的后事，这时陈昔安老师亲自打电话安慰我、鼓励我；为了便于我尽快理解修改的要求，李佳博老师不顾自己生病，仍然坚持给我打了一个多小时的电话，让人感动；工作室李念老师是我的师傅，她时刻提醒我注意细节，经常指导我改进课堂教法，提高课堂效率；工作室小伙伴严慧君老师得知我回老家没有带陈昔安老师的书，把书上的内容一口气拍了一百多张照片按照顺序发给我，望着满屏的微信图片，十年没有哭过的我，不禁热泪盈眶……

整本书读完了，陈昔安老师日常教育教学的点滴仿佛跃然于纸上。陈昔安老师对教育梦想的不懈追逐是我前行的动力和目标，相信在陈老师的引领下，在与工作室同仁的砥砺前行中，我会逐渐实现自己的梦想。

掬水留香

——读《追逐教育梦想》有感

广东省深圳市福田区外国语学校　赖映初

翻开陈昔安老师的《追逐教育梦想》，我顿时被一种浓浓的幸福包围着。这种幸福是"有梦就去追"蓬勃朝气的青春奋斗气息，是"梦想成真"过程的收获远远大于果实丰盈多彩的精神财富，是"教学相长"，更是"彼此陪伴走过人生最美"不胜枚举的"事业小确幸"。

全书语言质朴、发自肺腑、匠心独具、精心编排，从"历史教师专业与成长"谈起，开门见山点名全书主题基调——简单又了不起的"教育梦想"。从专业成长的理念出发，着力于"历史教育教学研究"，谈教育"创新"。每一篇都很扎实，每一点都实操性俱佳。如开篇的《课堂教学"五法"》——兴趣教学、问题教学、合作学习、研究性学习到大单元宏观教学，每个教学方法都是从教学常规中提炼出来的卓有成效的教学方法，真正是"实践出真知"。这是一位扎根一线的教育者的职业道德，更是一位清醒教育家的专业素养。

除了教学方法，本篇选取呈现颇有代表性和特色的三个教学设计案例，与前文教学方法研究紧密呼应。如《走进社会，探索时空，拥抱生活》一课贯彻运用了教学"五法"；《时事热点》考前复习运用情境互动教学模式，从而让课程充满活力；《充满机遇与挑战的时代》则是集大成者，常规教学"五法"、互动式教学、案例式教学、网络信息技术整合运用等手段切换自如，臻于化境。

2004—2014，整十年的时间，历史与社会学科如一颗流星，光芒璀璨。彼时"课堂革命""转变教与学方式"探索如火如荼，迎来一边突破一边形成具模的良性发展，学科教学教研推陈出新，朝气蓬勃。而那几年，我也在区课题组的引领下进行着小组合作学习与研究性学习的教学策略研究，着重于小组合作学习策略开展和评价的研究。那段一边学习一边教学、埋头苦干与凝视天空的岁月，现在想来恍如昨天，历历在目，收获斐然。那时课程紧、压力大，陈昔安老师居然能在那样紧张的教学安排下留下三四十万字的思考与总结，两相对照，着实令我敬佩不已。梅花香自苦寒来，陈昔安老师的"咖位"真的是勤奋与天分共同努力得来的。

本篇末，陈昔安老师在其教育科研故事中凝练了提高课堂教学水平的几项措施：借助集体备课优势，积极听课、评课及承担公开课；精心备课；注重情境设计和联系实际；加强课堂管理；拓宽教学视野；常总结、善总结。如今我从教近十年，觉得每一项都给自己很大的启迪。全文表达的都是陈昔安老师对教育事业的热爱和对学生故事的描绘，字里行间洋溢着满满的幸福。这是属于陈昔安老师的梦想荣光，也是重审我职业来时路的远光。

本书的下篇围绕"教育教学管理工作"进行了真诚而透彻地探讨，既有高屋建瓴的教育教研理念，更有脚踏实地的真知灼见。陈老师这本书很好读，可以一口气读完。毫无疑问，它的体量刚刚好，是一本尽职尽责谈教育、教学、教研该有的体量，再薄的书很难有这样完整、必要的信息量了。喜欢这本书的我能列举出很多个理由，而第一个理由正是篇幅精简，含金量高。现在书店里有很多轻松、好读的教育教学书，我也常常浏览，但这最多能让我们在"教育"门前观光、留影，难得其背后的精髓。想要真正地理解教育，一定要将这些零散的"珍珠"（教育、教学见闻）放置在系统的链条中，才能知道这些"感悟、所思"在提高课堂效率上的实际意义。下篇每一部分对教育教学管理的"感悟"都在恰当的位置，从教师队伍建设、党组织建设到年级组、教研组、备课组建设，都清晰而恰如其分地呈现材料，不千篇一律，十分难得。

我喜欢这本书的第二个理由是叙述平实、流畅。这种流畅感大约与陈昔安老师的工作方式有关，他勤奋努力、善于总结、执行力一流、绝不拖沓。他在进行论述时总是大胆而又不急不缓，这只有对教育教学管理有清晰而深刻的理解才能达到。但他却丝毫不"炫技"，尽量避免使用晦涩难懂的词，也不依靠热情奔放的溢美之词或跌宕起伏的人生来吸引人，而是用最简练的文字敏锐准确地勾勒整个教育教学管理的探索与感悟。

我喜欢这本书的第三个理由是深入浅出。比较靠谱的教育书，首选还是那些成为名师的教师写的。这类书，作者的文采一定是可以的，不然吸引不了学生；他的逻辑一定是严密的，不然成不了名师。同时，他的书里可能还会有其他书中绝讲不到的小TRICKS，出自他们的个人经验。这些东西经他点破，读者有恍然大悟之感，此后每次使用起来都觉得灵。陈昔安老师恰是这样一位方方面面都做到的作者，他对学生既温和又严格的微妙平衡艺术，他对缔造"历史帝国"的趣味与严谨、情感与理性的软性糅合，对教师管理和学生教育躬身示范的做法，都是既"灵光"又"匠心"的杰作。

我喜欢这本书，最重要的是给了我久违的职业幸福感。幸福源于师生心灵之间的对话和相互学习，幸福源于教师对学生群体成长的用心和守望，幸福源于学生成长过程中的观察、体验与思考，幸福源于学生对家乡、对自然、对人生的审视。而这些旧情重温，也仿佛燃起我开创事业第二春的昂扬斗志。

做教育的有心人

——读陈昔安老师《追逐教育梦想》有感

广东省深圳市龙岗区外国语学校　葛秀伟

　　加入陈昔安老师的工作室已经有大半年的时间，时间虽然不长，但收获颇丰。犹记得2018年5月在深圳市历史教师QQ群里看到广东省陈昔安历史名师工作室招纳培养对象的信息，报名时间特别紧张，当时的我刚刚休完产假返校工作，历史专业发展进入瓶颈期，而且坪山地理位置较为偏僻，学习交流的机会比较少，所以我毫不犹豫地填写资料报名。为了能够在规定时间报上名，我还专门给当时的校长打电话请他帮我签字，经过一番周折，我终于报上了名。当时的我其实对陈昔安老师不太了解，对工作室需要做什么也是懵懵懂懂，但是我不愿意错过任何一个学习和提高的机会。加入工作室之后，随着和陈昔安老师的接触，慢慢开始了解陈老师的经历，也深深地被陈昔安老师的人格魅力所吸引。现在犹记得陈昔安老师在QQ上对我的鼓励，我像一个小孩子得到了长辈的夸奖一样开心，越发深感自身的不足。2019年寒假，我有幸拜读了陈昔安老师的《追逐教育梦想》，边读边审视自己的专业发展，边读边回味和陈昔安老师及工作室同仁们相处的点点滴滴，感触颇多。

一、专业须规划，敬业是关键

　　"历史教师的专业发展是一个持续、渐进的过程，历史教师要有强烈的专业成长意识，建立全球历史观，要有未来意识。"陈老师的几句话点醒了我。2011年毕业之后，经过几年的教学积淀，我感觉自己的教学基本上可以做到游刃有余，但是历史专业发展却不尽如人意，主要原因是自身专业发展缺乏一个明确的规划，平时更加专注于低头走路，疲于应付手头工作，却忘了抬头看路，寻找专业发展的目标。

"敬业是成为名师的必要条件，勤业是成为名师的奠基石，精业是成为名师的试金石。"爱岗敬业是所有职业的共同要求，但是教师的职业面对的是鲜活的生命，备的某一节课或者和学生的某一次谈话可能会对学生产生深远的影响，这就要求教师用心地备好每一堂课。作为一名班主任，更要细致观察学生，走进学生的心里，才能真正起到教育作用。

二、做人须静心，做事须专心

通过本书和平时的接触，我发现陈昔安老师是一个做什么事情都全力以赴做到最好的人。负责学校党务工作时，兢兢业业，敢于创新；担任年级组工作时，踏实肯干，视野广阔；给学生进行国旗下讲话不是一味地训诫，而是苦口婆心，结合现实，娓娓道来。凡事都比别人多用一点心，自然能做出卓越的成就。

回想自己毕业以来工作的几年，曾承担过学校的团委、德育工作。当时任教的坪山实验学校是一个刚刚建立的学校，年轻的我满腔热情，经常工作到很晚，为了给新入团的学生举行一个有纪念意义的入团仪式而绞尽脑汁，为了组织一场别开生面的篮球比赛而殚精竭虑，现在回想这些情景感觉甚是幸福。静心做人、专心做事，在平凡的岗位上创造出自己的价值，让平凡的教师工作闪耀出别样的光芒，获得自己的职业幸福感。

三、师生关系需经营，和谐相处是关键

整本书中，我读得最认真的就是第六章《我与学生的那些事》。正如陈昔安老师所说："要达到教育教学的最佳效果，必须要构建和谐的师生关系，师生之间需要有足够的平等和民主的交流氛围。"每一届学生中考前，陈昔安老师都真情流露地写下对学生的祝福，毕业典礼上不忘对学生谆谆教诲，在学生心中树立形象就是水到渠成的事情。魏同学评价陈昔安老师如茶，幽幽茶香，沁人心脾；在张晶同学眼中，他是一位好老师；在何同学心中，他是一位温暖的老师；贺同学说陈昔安老师是大朋友；石同学评价陈昔安老师是"最严的师、最慈的父"。这些发自学生内心的评价真是让人感动和羡慕，我深知这背后离不开陈昔安老师对学生的付出。

2018年，我调动工作来到龙岗外国语学校，除了承担历史教学工作外，还

担任七（三）班的班主任。由于七年级的学生刚刚从小学升到初中，行为习惯还没有养成。作为一名新手班主任，我总是展现出严厉的形象，这也让班级学生对我敬而远之。为了改变这种局面，我煞费苦心。开学时，我想给学生一些惊喜，同时拉近与学生的距离。刚好过完春节，何不给每人发一个红包？红包里装什么呢？和葛老师一起看一场电影、邀请葛老师去家里做客、获得葛老师赠送的一本书……开学当天，全班同学排队来领取红包。他们迫不及待地拆开我为他们准备的创意红包，个个兴高采烈。开学后，班级工作比上学期顺利很多，学生也慢慢和我这个班主任亲近起来。其实，和谐的师生关系需要教师用心经营。

做教育的有心人，需要我们热心教育、静心做人、专心做事、关心学生。文章行将结束，但是我对教育教学的思考永远是进行时，我深知"路漫漫其修远兮，吾将上下而求索"。

第四章
研修学习，扩大视野

　　参加主题研讨的浸润式学习，撷取最新学术研究成果，激发对教育问题的深入思考，把握学术的前沿动态，为自己的研究确立坐标，是工作室激发培养对象专业发展内在动机，也是满足培养对象自我实现愿望的有效途径。

　　2018年11月23日—27日，全体培养对象在工作室主持人陈昔安老师的带领下，前往重庆参加全国中小学课堂管理创新与教学方式变革的主题研讨学习。按照陈昔安老师提出的"倾听思想理念，转变自己观念；参与专家论道，树立教育理想；了解教育前沿，打开教研视野；参考模式策略，优化创新教学"的学习要求，大家积极参与学习，收获满满，催人奋进。

路漫漫，且行且思

——重庆学习心得

广东省深圳市龙岗区石芽岭学校　严慧君

　　时光的脚步匆匆，为期五天的重庆学习之旅已经结束了，满载着回忆与收获回到工作岗位，我的心情久久不能平静。短短几日，充实而有趣，几位专家对教育教学的思考、精辟的理论、独到的见解，以及对生活、工作、事业、学生独特的感悟深深感染着我。从他们身上，我所感受到的不仅是专业的知识和做学问的方法，更多的是他们执着于教育事业，严谨勤奋、潜心钻研、尽心尽责的工作态度和热爱生活的高品位生命形式。学习让我开阔了眼界、拓宽了思路、转变了观念，促使我站在更高的层次上反思以前的工作，更严肃地思考现在所面临的挑战与机遇，更认真地思考未来的路如何走。下面浅谈几点自己在培训学习中的感悟。

　　通过学习，我明确了培养对象应该具备的素质及应发挥的作用，明确了今后的努力方向。雨果曾说："花的事业是尊贵的，果实的事业是甜美的，让我们做叶的事业吧，因为叶的事业是平凡而谦逊的。""师者，所以传道受业解惑也。"教师的品德和素养是教师发展的重要前提，只有对"怎样做一位教师"这一问题有深刻的认识，才能对自己提出更高的要求。"十年树木，百年树人。"踏上三尺讲台，也就意味着踏上了艰巨而漫长的育人之旅。一位骨干教师，要有高尚的师德、较高的专业素质和丰富的学科知识，要有一定的示范作用，就是要做到有思想、有智慧。有风格、有特色、能研究、善思考、勤学习、能创造，这样才称得上是广东省陈昔安名师工作室的培养对象。对比之下，我有很大差距。我会积极发挥自己的作用，不断地努力，真正成为一名优秀的历史教师。

通过学习，我更加深切体会到做一位教师要不断更新教学理念，不断反思自己的教学，完善自己的教育理念。传统意义上的课堂就是教师讲、学生听，教师很少审视自己的教学是否引起了学生的兴趣，也不够关注学生的参与度。当学生出现与课堂教学不一致的行为时，只是一味地怨学生，很少反思自己的教学行为是否适应了学生的心理特点、激发了学生的求知欲。优秀教师之所以优秀，其特点之一就是每节课后及时反思自己的教学，不断改进教学，以增加课堂教学的魅力，达到及时调控学生的情绪，引导学生积极参与课堂教学的目的，使学生获得更好地发展。作为一名培养对象，要在教学方面深入研究、不断反思、改进教学策略，形成属于自己行之有效的教学风格。几位专家从不同的角度与我们分享了教学中的感悟："不要用我们的方式让孩子接近知识，要让孩子用自己的方式接近知识。"启迪智慧，点化生命，而不仅仅是知识，他们的教育方法在努力寻找一种"教师可以少教，但是学生可以多学"的教育境界。

通过学习，我更加深切地领会到作为培养对象，要把教育当作一种事业、一种艺术、一种专业。多年的教学生涯，让我已经慢慢开始倦怠，有时像一台机器，每天淹没在备课、改作业、上课等工作的不断重复之中，缺少了刚上讲台时的灵动与钻研。而成都市盐道街中学的卿校长在讲座中"以身示范"，把枯燥的课堂变得灵动而有味道，让我陷入深深的反思，他是真正把教师当成高尚的事业在追求。听了他的讲座，让我能以更宽阔的视野看待我们的教育工作。随着时代的进步、教育的改革，当今的形势向每一位教师提出了严峻的挑战。在知识经济时代，知识老化速度大大加快，学习就成了当今人类生存和发展的重要手段。教师终身学习不仅是时代的呼唤、教育发展的要求，也是教师教学自我提升的需要。"严谨笃学，与时俱进，活到老，学到老"，是新世纪教师应有的终身学习观。教师要有一种强烈的资源意识，克服"一支粉笔教下去，一本教案讲过来"的人生惰性，自觉拓展自己的思维空间和知识结构，以便更好地为教育教学服务。知识的更新换代让学生接触了更多的新生事物，广阔的课内外学习资源为他们知识的积累提供了更多的机会。我们在学校学习的那点知识，已经远远不够传授了。生活是一个广阔的学习课堂，有很多东西是我们所不了解的，为了使自己不被社会所淘汰，只有加紧学习的步伐！一位优秀教师应该抓紧一切时间增加知识储备，只有这样才能用人格魅力来感染学生，和学生共同发展。"教育是一门艺术、一门伟大的事业，也是一门科学。"我们必须掌握这门艺术，辛苦地经营这神圣而伟大的事业。

总之，这次培训内容丰富，学术水平高，充满了教育智慧，使我们开阔了眼界。虽不能说通过短短几天的培训就会立竿见影，但也有许多顿悟。身为教师，要把握新课改的动态，了解新理念的内涵，掌握学生的认知发展规律，要在教学实践中不断学习、不断反思、不断研究，以适应社会发展的需要，适应教育改革的步伐。在今后的教育教学实践中，我将静下心来采他山之玉、纳百家之长，在教中学、在教中研，在教和研中走出自己的一路风采，求得师生的共同发展，求得教学质量的稳步提高。前面的路很长，前面的人也很多，我不一定走到最前沿，但我一定会朝这个目标努力。所谓"高山仰止，景行行止，虽不能至，心向往之"，是我一生的追求。

孜孜以求　双重喜庆

——重庆"创新发展与教育教学质量提升"专题研学心得

广东省深圳市福田区上沙中学　段昆伦

2018年11月23日—27日，广东省陈昔安名教师工作室组织广东省骨干教师（工作室成员）前往重庆参加全国中小学课堂管理创新与教学方式变革研讨活动，以加强成员历史课堂管理创新，探讨更有实效的教育教学方法，进一步提升历史教育教学水平。带着求取真经、探寻重庆的热情，带着工作室初次外出学习、自己首次亲历重庆的欣喜，我完成了一次难忘的游学之旅。

一、用心、用智、用情做教育，引发强烈共鸣感

研讨活动的三场报告，是针对初三紧张的教学中遇到的困惑和特色课程研究的思考，均切中肯綮，很有启迪。

1.用心教研，不断成长

卿平海副校长由"掌"（高尚的手）字解读开始别开生面的主题报告《新课程高效课堂建模》。作为十三位基础教育课程审定专家之一，卿校长从"掌"字学习活动的设计思路、设计理念入手，辨析了基于语文核心素养和基于双基的语文教学的不同，进而建构识字教学模式，带领大家追问教学模式的学理，介绍国内外教学模式的理论和实践，最后分享高效课堂建模、优模的方法，对于工作室学员的专业提升颇有助益。

卿校长最初作为中师毕业生被分配到偏远乡村任教，自加压力，再考大专、本科、硕士研究生，从乡小到中心小学、乡中、市属学校、市长秘书、内江师专，再到成都市盐道街中学任副校长，经历丰富，让人感佩。正高级教师、成都市首批名师名校长工作室卿平海工作室领衔人、著名特级教师、全国

优秀语文教师等光环诠释了他用心做教育，由优秀到卓越的教师专业成长之历程，堪为楷模！

2. 用情教学，关爱学生

重庆市江津第八中学羊自力校长所做《从教学常识看翻转课堂》的主题报告名副其实。在新理念层出不穷的语境下，敢于强调最牛的教师特点是"讲得好、作业好"实属难得，更可贵的是言之有据，从实践中得来，令人信服。讲得好，意指知识逻辑结构符合学生的认知特点，学生编码输入高效；作业好，则指难易取舍得当，精选题目，抓住有用的中间部分，学生提取输出顺畅，从而实现学生学习的发生和记忆的保持，这就是教学常识。因此，把提取输出的作业放在学习最重要的时段课堂上，自然是题中应有之意。而教师坚守的课堂教学便须转移到学生课前观看视频的时段，其深意在于观看视频可实现个性化学习。学困生可以借由反复观看视频进行弥补学习，夯实认知前提，提升学业成绩。学优生则可作为跳板，专注地学习不太懂的知识。当然，翻转课堂的落地和成效需要教师恪守职业道德和高超的专业素养，羊校长和学生打感情牌，以及和研究团队协同研究、研发视频的秘籍值得学习。

3. 用智科研，助力发展

相较于两位一线的教师，重庆市教育科学研究院初等教育研究所所长康世刚博士的专题讲座《新时期校本教研的内容与实施》则有些阳春白雪，从学校教育哲学建构及方法、学校特色教学建设、教学方式创新、教师专业发展导航等方面高屋建瓴地介绍了校本教研实施和组织方法，对于自己主持的学校特色课程建设研究大有裨益，特别是关于学科教研改进中评课维度的专业指导，让我大开眼界，也初步理解了工作室主持人陈昔安老师"不专业的教研无法提升教学水平"的谆谆告诫。

二、访古问今来游学，体味奇妙在场感

我对重庆印象最深的是红岩精神和两江交汇处的码头台阶，今次研修主题，不期得窥重庆另一幅尊颜。

三星伴月，金沙流彩。巴山蜀水，魂牵梦绕。今次走进江城，能很快产生亲近感，得益于参观重庆博物馆举办的展览"盛筵—见证《史记》中的大西南"。展览采用文献与文物互证的方法，以《史记》相关记载为线索铺展开来，将精美的文物置于宏大的历史背景下展示，通过较高等级的青铜礼乐或饮

食等类别文物，进一步证实史书记载的真实性，并填补了文献的空白。展览给我上了一堂生动难忘的史料实证课。

夜郎自大的故事我从小耳闻，但参观后方明白，自己知道的仅是引申义。原来此典讲述的是，汉武帝元狩元年（公元前122年），博望侯张骞出使西域归来，对汉武帝说他在大夏（今阿富汗一带）时，曾经看到过巴蜀出产的布帛、邛都的竹杖。据当地人讲，均是从东南边的身毒国（今印度）买来的。于是，汉武帝命令王然于、柏始昌、吕越人等去西南地区寻找通往身毒国的道路，为汉代南方丝绸之路的拓展奠定了基础。

追根溯源，让我猛醒，汉武帝、张骞等先贤们见微知著，我辈却囿于教科书，眼中只有长安到大秦的丝绸之路，而渐渐淡忘南方的丝绸之路，让人汗颜。也让我明白当前重庆之所以开通至欧洲的班列，原来古已有之。展览中的灵渠让我将大西南和百越之地贯通起来，颇有身临其境、视域大开之慨，深味行万里路之妙！

潜心研修，开阔视域，提升素养。探访江城，谛听历史，丰盈教学。

重庆研学催奋进　专家讲学促发展

——重庆全国中小学创新发展与教育教学质量提升研修班学习心得

广东省深圳市光明区高级中学　李佳博

全国中小学创新发展与教育教学质量提升研修班合影

一、重庆研修回溯

为了加强历史课堂管理创新，探讨更有实效的教育教学方法，进一步提升历史教育教学水平，根据《广东省中小学名教师、名校长工作室管理办法》和《广东省教育厅办公室关于印发广东省中小学名教师、名校长工作室工作指南的通知》等文件的精神要求，在广东省优秀名师工作室领衔人陈昔安老师的带领下，秉承"倾听思想理念，转变自己观念；参与专家论道，树立教育理想；

了解教育前沿，打开教研视野；参考模式策略，优化创新教学"的学习宗旨，于2018年11月23日—27日组织工作室培养对象前往重庆参加全国中小学课堂管理创新与教学方式变革研讨会。

卿平海，成都市教育专家，巴蜀名校成都市盐道街中学副校长，成都市首批名师名校长工作室卿平海工作室领衔人，著名特级教师，教育部"国培计划"专家库专家，"联合国农村教师发展绿色通道"项目专家，享有政府特殊津贴。卿校长讲授的课题是《新课程高效课堂建模》。卿校长以"掌"字的学习活动为切入点，以活动的形式引领大家解悟"掌"的字义，意以建构识字教学模式，进而通过新课程高效课堂教学经验有哪些特点、新课程课堂教学的一般流程或常用方法是什么、新课程课堂模式存在哪些突出问题三个思考活动，引出如何建模新课程高效课堂，环环相扣，受益颇多。

陈昔安老师与卿平海校长合影

康世刚，重庆市教育科学研究院初等教育研究所所长，重庆市首批"未来教育家"培养对象，教育部"国培计划"专家库成员。康世刚博士主讲课题为《新时期校本教研的内容与实施》。康世刚博士从国际基础教育改革的基本特征谈起，以国内学校为实例，高屋建瓴地引出学校教育哲学建构与教研活动方法，并凝练出在学校教育哲学体系中的校本教研路径，为与会教师参与校本教研路径起到指引作用。

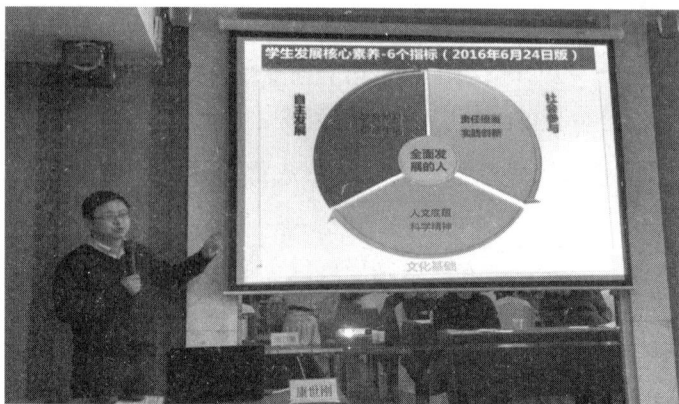

康世刚博士讲学

羊自力，重庆市江津第八中学校长，重庆市物理学科教学名师，重庆市教师教育专家库成员，重庆市江津区学科带头人，聚奎中学翻转课堂项目的主要推动者。羊校长从视频课程成为流行学习方式引入，辨析翻转课堂实施的可能性与国际成功案例，并阐释翻转课堂的概念，即学生预习时用移动智能终端从服务器上下载并学习教师预先录制的教学精讲视频，回到课堂上师生之间、生生之间面对面交流、讨论和完成练习的一种教学形态。在此基础上，提炼翻转课堂的教学模式：课前学生预习+学习和课中合作答疑+练习巩固。羊校长围绕为什么要课外看视频、视频应该是什么样的；为什么要课堂做作业、怎样在课堂上做作业；为什么要网络以及学习平台、需要什么样的网络以及学习平台三个大问题阐述了翻转课堂的核心要素与成功常态翻转的两大关键。羊校长以轻松幽默的讲解方式为与会教师的课程改革提供了方向。

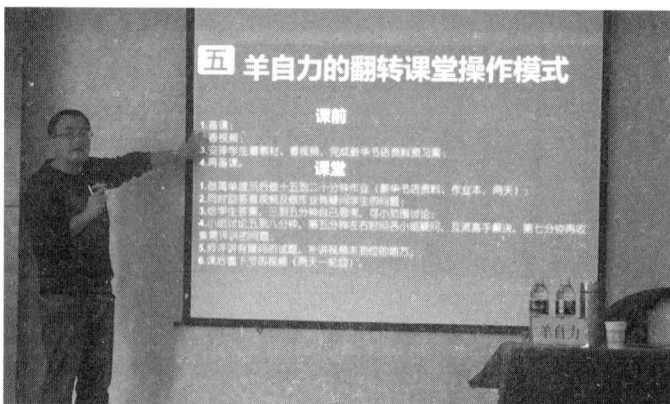

羊自力校长讲学

二、实地考察

实地考察之重庆抗战遗址博物馆

实地考察之重庆市人民大礼堂

三、重庆研学心得感悟

工作室"2018—2020"培养对象在陈昔安老师的带领下，圆满地完成了此次重庆研学任务，无论在业务上还是在思想水平上均有很大的提高。现将有关方面总结如下：

（一）教育教学方面

1. 认真备课

课上是否成功很大程度上取决于课备得是否精彩，因此每节课我都认真做好课前准备——备好课，认真钻研教材，了解学生原有的知识技能及他们的兴趣、需要、学习方法、学习习惯，以及学习新知识时可能会有哪些困难，并采取相应的预防措施。仔细考虑教法，解决如何把教材的内容传授给学生，如何组织教材、拓展教材，如何安排每节课的活动，以便调动起学生的积极性和求知欲，让他们对历史感兴趣，为更好地学习历史打下基础。

2. 积极上课

备课充分，能调动学生的积极性，上课效果就会好。但同时又要有驾驭课堂的能力，因为学生在课堂上的一举一动都会直接影响课堂教学。因此，教师一定要组织好课堂教学，关注全体学生，注意信息反馈，调动学生的有意注意，使其保持相对稳定性。同时，激发学生的情感，使他们产生愉悦的心情，创造良好的课堂气氛。课堂语言简洁明了，克服以前重复的毛病，课堂提问面向全体学生，注意引发学生学数学的兴趣。课堂上讲练结合，布置好作业。作业少而精，减轻学生的负担。教师是每节课的组织者，所以每天都要有充足的精神，让学生感受到一种自然气氛，这样授课就能事半功倍。

3. 精心批改作业

在批改作业方面，尽量做到全批全改，集中一部分面批面改，对个别学生错的地方、不会的地方，我都把正确的答案给他们，让组长帮着改，然后我再改，从不放任自流。因此，绝大部分学生都取得了很好的成绩，每名学生都在原有基础上有所提高。

4. 做好课后辅导

要提高教学质量，一定要做好课后辅导工作，并在辅导中充分利用学优生以优带困，优困学生结成学习小组。学困生常由于学习不好，缺乏自信心，在课堂上不敢发言，课下不敢正面和老师说话。因此，我总是不断发现他们的优点，不断给他们鼓励，经常询问他们学习上的困难，帮助他们解决问题。时间长了，他们找到了自信心，学习兴趣也提高了，上课敢发言了，成绩自然而然也就提高了。

（二）教育工作方面

记得有位教育家曾说过，爱学生是对教师最基本的要求。教师爱学生可以弥补家庭和社会教育的不足，使教师的影响长久地保存在学生的内心深处。要做一名合格的人民教师，不论在生活上还是在学习上，都要给予学生必要的关心和帮助。我还抽时间和学生谈心、交流，和学生共同活动，缩短了师生距离。由于我爱学生、关心学生，处理问题及时、方法得当，注意和学生沟通，所以学生信任我、喜欢我，也喜欢上我的课。

热爱学生，还表现在教师对学生的尊重和信任，以及对学生的严格要求。尊重学生的人格，了解学生的个性，相信学生、关心学生，既统一严格要求，又注意学生的个体差异，区别对待。对程度、水平不同的学生，采取不同的教育方法，因材施教。关爱每一名学生，特别是学困生，使每一名学生都学有所得，不让任何一名学生掉队，把每一名学生都培养成对社会有用的人才。能得到学生的信任，使自己的工作顺利进行，使学生能健康活泼地成长，是教师最大的成功和欣慰。

（三）教科研工作

积极参加学校组织的教科研活动，并在活动中认真做好本职工作，能够运用现代化的教学手段进行课堂教学。积极参与听课、评课，虚心向同行学习教学方法，博采众长，提高教学水平。本学期，我自觉主动地参加继续教育，每天坚持阅读各种材料，力争使自己在知识、业务水平上有所提高。

积极参加校内外举行的教育教学活动。一分春华，一分秋实，在教书育人的道路上，我付出的是汗水和泪水，收获的是一份份充实而又沉甸甸的情感。我用我的心去教诲学生，用我的情去培育学生，我无愧于我心，无悔于我的事业。让我把一生矢志教育的心愿化为热爱学生的一团火，将自己最珍贵的爱奉献给学生，相信今日含苞欲放的花蕾，明日一定能盛开绚丽的花朵！

在重庆研学接近尾声之际，工作室主持人陈昔安老师告诫全体培养对象，从青年教师发展为优秀教师进而成长为卓越教师，需要不懈追求，将前沿教育思想化为自己的教学实践，并能够形成自己的教育思想。大家深受鼓舞，决心在接下来的学习中以奋进之笔书写专业发展的精彩篇章，以奋进之笔记录个人成长的精神档案。

关于翻转课堂的思考

——重庆"创新发展与教育教学质量提升"专题研学心得

广东省汕尾市华南师大附中汕尾学校　李相楠

2018年11月25日，重庆市江津第八中学羊自立校长为我们做了《从教学常识看翻转课堂》的专题讲座，使我们受益颇多。

翻转课堂最大的特点是以学生为主体，教师的作用只是辅助，这是符合教育规律的。在实际的教学中，我们发现主动学习的学生效率更高，也更能取得较好的成绩，而那些只知道紧跟老师脚步、很少独立思考的学生，成绩往往一般，就是这个道理。羊校长在讲座中提到了一种学习金字塔的理论，即在不同的学习方法下学习24小时后，学生对知识的保持率是不一样的，呈现出一个金字塔的形状。其中，传统讲授法的知识保持率是最低的，只有5%，而让学生主动学习的讨论组学习法、实践练习学习法等知识保持率则较高。这也说明，若想提高教学效果，最大限度发挥学生的主动性是我们需要做的。

随着信息网络技术的发展，教师这个职业也必然发生变化，传统的教师讲、学生听和练的教学模式也面临着挑战。作为中学教师，与电脑比，我们在教育学生上到底有哪些优势呢？我觉得就是因材施教。学习习惯好的学生，我们只需要对他们做好引导即可；学习习惯不好的学生，在学校的德育管理下，也能接受应有的教育。班级学生的成长环境、性格、学习基础、学习习惯都不一样，那种针对全体学生的教学方式实际上是不存在的，每堂课总是会有一部分学生出现学习上的问题。中学课堂，每个班有数十人，一对一教学基本不可能，那么如何才能最大限度地实现因材施教呢？我个人觉得，设计课前导学案是一个比较好的方法。导学案的目的在于引导学生提前预习。大部分学生是可以通过导学案提前意识到自己在学习上的问题的，而且还可以在上课之前想办法解决这些问题。即使解决不了，带着问题上课，效果也会好很多。上课时，教师也避免对一些简单问题的过多阐述，可以有更多的时间进行针对性练习。

练习是翻转课堂的又一个特点。大量的练习可以有效提高学生的成绩，我觉得导学案也要包含习题这一项。习题是最直观的检验学习效果的方法，学生的答题规范、答题思路都可以从中得到锻炼，这也是提升成绩最直接的手段。历史作为文科科目，背诵是必不可少的。教师可以在导学案中设计学习目标板块，方便课下监督学生的背诵情况。知识框架不宜出现在导学案中，这会妨碍学生构建适合自己的知识体系。最后进行总复习的时候，我们可以下发复习提纲。

上课时，要尽量改变教师一言堂的局面，可以引入好的微课资源，甚至是好的教学视频片段。视频对于初中学生来说具有很大的吸引力，在讲解线索性知识或其他现有课堂无法呈现的知识时，视频的优势就显现出来了。

在反思中不断提高教学水平

——重庆"创新发展与教育教学质量提升"专题研学心得

广东省河源市第二中学　彭君红

中国著名教育家叶澜教授曾说："一位教师写一辈子的教案不一定成为名师，如果一位教师写三年反思有可能成为名师。"通过参加创新发展与教育教学质量提升研修班，我对叶教授的这句名言有了进一步的认识。

2008年11月23日—27日，我有幸参加全国中小学创新发展与教育教学质量提升研修班，聆听了教育专家卿平海的《新课程高效课堂建模》、羊自力的《从教学常识看翻转课堂》以及康世刚的《新时期校本教研的主要内容与组织》等高水平讲座，给我留下了深刻的印象。其中，卿平海老师的讲座风趣幽默、生动活泼、深入浅出、构思巧妙、一气呵成，既有教学一线教师的切身实践又有教育专家的理论提升，既有核心素养的知识学习又有课堂改进的实际指导，特别对基于核心素养下的课堂教学模式、微课制作、课堂改进策略等做了精彩分享，令我受益匪浅。通过学习，使我深深认识到自己教学过程中存在的不足，开阔了视野。而最大的认识便是教师的成长不仅在于积累经验，更是要注重反思、善于反思，才能不断提高自己的教育教学水平。

一、反思教学就是以"教"促"学"

反思教学是指教师对教育教学实践的再认识、再思考，并以此来总结经验教训，提高自身教育教学水平的一个过程。简单地说，就是要改进教师的"教"，以推进学生的"学"。要提高教师的反思教学水平，就必须抓好课前反思、课后反思和课余反思三个方面。通过这三个方面的思考，才能达到提高反思教学的目的。

二、要抓住课前反思、课后反思及课余反思的关键

课前反思是教师在课前对自己的教案及设计思路进行反思。反思的内容包含反思确定内容、阶段及具体实施方法对学生的需要和满足这些需要的具体目标，以及达到这些目标所需要的动机、教学模式和教学策略等，如本节课的教学目标和重难点的确定是否准确、教学内容的范围和深度是否合适、所设计的活动哪些有助于达到教学目标、教学内容的呈现方式是否符合学生的年龄和心理特征、教学中可能会出现哪些问题及应对策略等。课前反思不仅是教师对自己教学设计的再次查缺补漏、吸收和内化的过程，更是教师关注学生、体现教学"以学生为本"这一理念的过程。

课后反思是教学反思的重点。课堂结束之后，教师要及时对这节课进行反思，如这节课设计是否合理、内容是否清晰、重难点是否突出、教学目的达到了没有、哪些方面做得好、哪些方面需要调整和改进等。通过反思，知道自己教学中的"得"与"失"，为今后的教学提供借鉴和经验。

课余反思则是对学生在课余时间与教师之间的互动进行反思，反思学生在互动中反映出哪些知识未掌握、哪些知识掌握不牢固、哪些知识理解错误，以及产生这些现象的原因何在，并从中找出解决问题的方法。

反思教学是教师提高个人业务水平的一种有效手段，我们要重视反思、善于反思、坚持反思，在反思中不断提高自己的教学水平。

提高专业素养，更新教学观念

——赴重庆研修学习有感

广东省深圳市龙岗外国语学校　葛秀伟

2018年11月23日—27日，我有幸跟随陈昔安名师工作室的培养对象进行了为期五天的重庆外出集中培训和学习。我2011年毕业于重庆西南大学，所以重庆对我来说是一座充满美好回忆的城市，感谢工作室的陈昔安老师为我们提供了学习的平台和机会。

一、理论学习，提高素养

11月24日—26日，我们有幸倾听了几位重庆教育界专家包括一线教师的精彩讲座。

卿平海是成都市巴蜀名校盐道口中学的校长。卿校长在《新课程高效课堂建模》的主题讲座中以"掌"字为切入点，引导教师思考新课程高效课堂应该是怎样的、新课程高效课堂在实行中存在哪些问题。活泼有趣的形式、深入浅出的讲解，让我们受益匪浅。

康世刚博士是重庆市教育科学研究院初等教育研究所的所长。在《新时期校本教研的内容与实施》的讲座中，他从国际基础教育改革谈起，提出了学校教育哲学建构与教研活动方法。康博士的讲座为我们未来的校本教研提供了方向。

羊自力是重庆市江津八中的校长，他在聚奎中学推动了翻转课堂项目。羊校长和大家探讨了翻转课堂的起源和概念，并通过大量的实例介绍了翻转课堂实施的具体过程和存在的问题。

这些讲座在教学上给了我很多启发，作为一线教师，应该加强理论学习，更新教育观念，外出学习让我们有机会用望远镜和放大镜来重新审视自己日常的历史教学。

二、实地考察，收集资源

11月26—27日我们分别考察了重庆南岸区的黄山抗战遗址文物群和重庆建川博物馆。

重庆建川博物馆是全国首个洞穴抗战博物馆聚落，位于重庆市谢家湾，是一个由24个防空洞打造的8个博物馆组成的博物馆聚落。由于时间有限，我们重点考察了抗战文物博物馆。一进大门，无数的红色手印映入眼帘，原来这是樊建川馆长收集的抗战老兵的手印，这一双双手也许随着时间的流逝而不复存在，但是抗战老兵们的事迹却应该被世人所铭记。参观当中还有一件文物给我留下了深刻的印象，是一个大大的"死"字，这里还有一个感人的故事。1937年冬，安县一位青年的父亲王者成送给请缨的儿子一面特殊的出征旗：一块大白布，中间是一个大大的"死"字，左右两侧题有"我不愿你在我近前尽孝，只愿你在民族份上尽忠"和"国家兴亡，匹夫有分。本欲服役，奈过年龄，幸吾有子，自觉请缨。赐旗一面，时刻随身，伤时拭血，死后裹尸。勇往直前，勿忘本份"。其子王建堂和其余百名热血青年奔赴战场，这面旗子始终不离左右。在此旗的激励下，王建堂他们屡立战功。看着这面"死"字旗，我不禁流下了眼泪，在面临民族危亡的时刻，一位父亲怀着多么复杂的心情写下了这样一段话。

参观博物馆时，我有意收集了一些资料，这些资料将来可以用于教学中。教学资源就在我们身边，只要我们做一名有心的教师。

吸收理论实践经验，更新一线教学模式

——重庆"创新发展与教育教学质量提升"专题研学心得

广东省深圳明德实验学校　付华敏

虽然新课改一直倡导"教师为主导，学生为主体"的理念，义务教育历史课程标准（2011版）鼓励自主、合作、探究式学习，促进学生的全面发展，但在实际常规历史教学中，教师主导容易变成灌输式教学，学生主体容易变成形式化的小组合作。在此次培训之前，我作为一名七年级历史教师，教学中面临着如下问题：

（1）七年级学生的学习习惯亟待养成，课堂习惯在教师引导下较好，但主动性依然欠缺。课后的作业习惯难以培养，作业质量也难以保证。

（2）历史作为七年级新接触学科，学生的好奇心较强，但随着系统知识的学习和难度的上升，由主动提问变成了被动思考，学习兴趣有下降趋势。

（3）历史学科长期未得到学生和家长重视，课后在历史上花的时间少，效率低。

带着以上历史教学的疑惑，2018年11月23日，我作为广东省陈昔安名师工作室成员参加了重庆"创新发展与教育教学质量提升"培训。成都教育专家、特级教师卿平海老师讲授了《新课程高效课堂建模》专题。他告诉我们，教学是有模式的——教学程序及方法的策略体系（1972乔伊斯《教学模式》），但不是僵化的，可以不断优化建构。卿老师认为，高效课堂建模是沉浸反思、优化建构、自我超越的，可以用三个方法建模优模：原型→模式→新型、问题→模式→求解、实践→模式→理论。他提供的理论方法与列举的多个优秀教学模式都为我历史教学问题的解决提供了思路。

重庆市教育科学研究院初等教育研究所所长康世刚博士主讲了《新时期校

本教研的内容与实施》。他强调学校教育的特色，主张师生作为学校发展的共同体，教师应"行为世范"，与学生平等、共同维护学校发展，令我深有感触。

重庆市江津第八中学羊自力校长基于联通主义和行为主义理论，作为翻转课堂项目的主要推动者，分享了翻转课堂的操作模式和经验。羊校长在教学实践中得知，学生输出高效（学生作业好）比输入高效（教师讲得好）更重要（卡皮克：S3T优于4S，重复提取输出优于精细学习）。

我反思了之前的教学流程：课前预习+课堂讲课+课后作业+一单元集中讲练复习，不可避免地引起了上述历史教学问题。为重新激发学生学习历史的兴趣和能动性，提高知识吸收效率和作业质量，结合本次重庆研学成果和实际学情，我调整了教学模式，即课前（预习+知识要点作业+提出问题）+课堂（微课+解决问题+做作业）+单元复习和猿题库APP作业。目前新调整的教学模式已尝试开展两周，取得了学生和家长的认可，作业质量有了较大改善。

第一，课前以预习为主，有效预习是课堂上学生能通过12～15分钟微课就能掌握一课知识的前提。为此，我充分利用明德特有的历史早读时间，结合之前一直培养的预习方法，带领学生进行有效预习。掌握一定知识基础上能产生有效问题，我要求每名学生每课至少提3个问题。若早读时间不够，课后完成预习作业——深圳历史知能作业的知识要点（提纲和填空题的形式）+3个问题。结合目前实施的提问作业来看，不是所有学生都能提出有效问题，部分学生提问"三国是哪三国""八王之乱是哪八王"，这种从教材上非常容易找到答案或者即使知道价值也很低的问题，是低效乃至无意义的。值得鼓励的是类似"为什么少数民族内迁""北魏孝文帝改革不会受到鲜卑族阻挠吗？为什么要改革"，这些问题符合历史基本逻辑，弥补了教材编写内容的不足，有助于学生理解、建构历史知识体系，是有效而必要的。

第二，课堂40分钟必须完成微课+解决问题+做作业这三个环节。首先关于微课，课后看微课对初中生来说太不可控了，只能置于课堂。微课可以由教师自己制作，也可以从网上下载高质量的微课视频。课堂微课播放必须限制在15分钟内，过程应及时关注学生的学习状态，培养听课习惯，提醒部分分心学生。其次，教师应结合微课和学生提问进行有针对性的备课，课堂上应根据学生提问让学生分成小组合作探究。学生小组能解决的问题教师不再讲，教师只讲学生解决不了的问题，这个探究和解决问题的过程约花10分钟。最后15分钟是作业讲练环节。做作业的过程中，教师可以及时关注学生的进度和平常看不到的作业课程，可随时指出过程中的问题，并为学生提供各种解惑，最后要对学生进行有必要的错题讲解。如此，将以问题为导向的教学和翻转课堂结合起来，促进了课堂的拓展延伸，培养了学生发现问题、解决问题的能力，提高了史料实证、历史解释等历史学科核心素养。

第三，依然以单元为单位展开阶段性复习，以猿题库APP形式进行阶段性练习或测试。这顺应了信息技术的发展潮流，增加了作业形式的多样性和互动性。教师在猿题库老师版客户端有选择地发布作业，自由控制题量和难度。学生版猿题库APP应下载在家长手机上，以便监督学生的作业时间和避免学生对手机的滥用。在学生完成作业、教师批改作业后，教师可以看到每道题的得分率和学生的总体完成状况，学生也可以看到每题的详细解析和教师的批注。

为解决现实历史教学问题，改进教学效果，我从问题和学生学情出发，关注作业质量，把调整的新教学模称为"问题导向翻转课堂模式"。新的教学模式对教师提出了更高的课后备课和课堂掌控要求，但真正还原了"教师主导、学生主体"的课堂。我今后依然需要不断优化教学流程，确保各个环节的落实来保证教学效果。但是否经得起实践的长期检验和成绩验证，能否得到家长和学生的认同，都是下一步要继续研究的问题。

雄关漫道真如铁，而今迈步从头越

——重庆研修学习有感

广东省深圳市福田区外国语学校　赖映初

2018年11月23日至27日，在广东省陈昔安名师工作室主持人陈昔安老师的带领下，我有幸参加了在重庆市举行的全国中小学课堂管理创新与教学方式变革的主题研讨学习。通过培训学习，我受益匪浅。在这里，首先感谢工作室尤其是陈昔安老师为我们提供了一个难得的高端培训学习的机会，感谢同行的老师，以及活动相关工作人员为我们食宿行等周到安排付出的艰辛努力。

"倾听思想理念，转变自己观念；参与专家论道，树立教育理想；了解教育前言，打开教研视野；参考模式策略，优化创新教学"，这是陈昔安老师对我们此次研学的要求。

整个培训过程我聆听了多位专家的讲学，收获满满。在卿平海老师《新课程高效课堂建模》的讲学中，让我深刻理解了高效课堂的特点、流程和一般的教学方法。通过观摩一系列获奖的微视频，点燃了我尽快进入并熟练制作教学微视频的激情和决心。

在康世刚博士《新时期校本教研的内容与实施》的讲学中，我的教学视野从当下延伸到了国内先进地区乃至国际基础教育。在了解了国际基础教育的基本特征后，结合学校教育哲学的进一步理解，对康老师抛出的大量国内教研实例有了全新的思考。作为学校的学科组长，在创新教研活动路径及提高校本教研效率的方法上，我有了以下几点想法：

（1）对话高手，想办法引进"活泉水"，努力邀请专家莅临指导。

（2）可按"暂停键"的教研课，学科各位教师微课创新，构建同课异构模式。

（3）加强校际联动，促进学科教学研究向纵深处发展。

羊自力校长语言幽默风趣，身为校长也一直坚持一线教学，其情怀、毅力已让人感怀。他从视频课程成为流行学习方式引入，辨析翻转课堂实施的可能性与国际成功案例，分享了他对翻转课堂概念、核心要素的理解。结合羊校长介绍的翻转课堂的成功案例与操作实践，我对于学生学习主体地位的突出、引导又有了许多新的看法。如重视学生的预习，把课堂学习内容前置；制定科学合理规范的反馈体制和评价标准，再把评价在课堂中深化、细化、体系化、数据化，从而落实"学生的掌握情况"；充分发挥移动智能终端的效能，把课堂反馈评价和课后练习有机结合，提高学习效率，等等。

在培训最后，陈昔安老师对整个培训做了总结性的发言，站在工作室主持人的高度，同时也是我们的生活导师、前辈，对我们谆谆教导："要积极拓宽教育视野，保持清醒独立的认知，探索自身多种可能性，不断发掘自我潜能，找准发展方向。"教诲言简意赅、饱含深意，也鞭策我们在教学教研的路上勿忘初心，砥砺前行。

第五章

课题研究，促进发展

　　进行课题研究，需要获取教育理论研究的大量信息，扩展理论视野，领悟教育教学的真谛，理解和把握学生独特的精神世界，启发教育自觉，并通过行动研究，提高自我反思和发展能力，不断追问自己教育教学的合理性，追求更高的教育境界，把自己培养成为一位研究型、学者型教师。

　　培养对象入室以来，认真研读广东省陈昔安名师工作室课题《发展初中生历史时空观核心素养教学策略研究》的主旨，了解课标，把握教学深度。茹古涵今，提升课程实施能力；以生为本，锤炼教学能力；学以致用，梳理教学经验，能力体系得到持续发展。

初中历史时空观念教学策略初探

——以《俄国的改革》为例

广东省汕尾市华南师大附中汕尾学校　李相楠

　　本文以《俄国的改革》一课为例，从"关键词导入"和"提炼历史线索"两个方面对初中历史的时空观念教学策略做初步探索。

　　培养学生的历史时空观念，是初中历史教学的一个方向。2017年最新修订的《普通高中历史课程标准》对培养学生时空观念提出的要求是："知道特定的史事是与特定的时间和空间相联系的。知道划分历史时间与空间的多种方式，并能够运用这些方式叙述过去。能够按照时间顺序和空间要素，建构历史事件、历史人物、历史现象之间的相互关联。能够在不同的时空框架下对史事做出合理解释。在认识现实社会时，能够将认识的对象置于具体的时空条件下进行考察。"初中学生的知识储备有限，身心特点也与高中生不一样，所以在初中的历史课堂上，教师要在营造氛围上多下功夫。时空观念是一种认识历史的方式，需要学生有一种宏观意识，能够从一定的高度上对历史进行解读。这就要求教师要帮助学生构建时空体系，设置时空陷阱，引导学生用时空观念思考问题。下面就以《俄国的改革》一课为例，初探初中课堂的历史时空观念教学策略。

一、关键词导入

　　课堂之初，由教师列出"文艺复兴""新航路开辟""资产阶级革命""工业革命""马克思主义"等几个关键词，引导学生理解这几个词的内在联系，并将这些词串联起来。通过这种方式，学生很快便回顾了整个资本主义的产生和发展过程，进而自主构建了以"资本主义"为关键词的时空体系。

然后当教师将"俄国的改革"作为整个资本主义发展链条上的一环嵌入到这个体系中时，学生就很容易理解新课的地位，即俄国的1861年改革是近代国家确立资本主义政治制度的另一种方式，它和资产阶级革命一样，都是资本主义发展史中的政治线索。

不同的关键词代表着不同的历史事件，而这些历史事件都有着不同的时代背景，学生在串联这些词时，很容易有一个时间轴的概念。如果再在每个关键词下面配上历史图片，将会唤起学生的历史记忆，使学生能够迅速进入到历史情境中去。比如，"文艺复兴"配上油画《蒙娜丽莎》，学生能马上进入到人文主义的时代中去。

不同历史事件发生的地点也不同，如"文艺复兴"的发源地在意大利，"新航路开辟"的起点在葡萄牙，"资产阶级革命"在英国、法国、美国。不同空间的历史事件被"资本主义"串联了起来，这就让学生明白了资本主义是近代世界的潮流，资本主义的痕迹遍布世界各地，不是某一个或几个国家的特例，而且欧洲是潮流的领导者。甚至教师还可以更进一步引导学生讨论：为什么资本主义在欧洲发展了起来，在中国就不行？这就把中外的历史联系了起来，实现了更高层次的空间对话。

不同历史事件之间有时是有联系的，教师可以引导学生用"蝴蝶效应"的思考方式来串联这些历史事件。如文艺复兴解放了人们的思想，人们鼓励冒险探索，实现个人价值，这就为新航路开辟准备了思想条件。新航路开辟将世界连在了一起，开启了殖民掠夺的浪潮，这就实现了"血淋淋的资本原始积累"，工业革命才有可能发生，资产阶级才有实力发动革命，进而夺取政权。而工业革命的发展又暴露了资本主义的弊端，马克思主义这才诞生。

这种导入设计也让学生在无形中知道了划分历史时间与空间的多种方式。比如说，可以简单根据时间的先后顺序或地点的不同归纳历史事件，也可以根据某一历史关键词划分。如本课就是根据资本主义发展史这一主题，重新将历史事件归纳，虽然这在一定程度上打乱了时间、地点，但对于掌握资本主义发展史是很有帮助的。如法国大革命和英国工业革命大致是同一时期的事件，但被归入了两个不同的关键词里；英国工业革命和资产阶级革命同是英国的历史事件，也划入了不同的关键词里。这种划分历史时空的不同方式更有利于学生掌握历史的发展脉络。

二、提炼历史线索

将俄国领土变迁作为线索，串起俄国历史上两次重要的改革——彼得一世改革和亚历山大二世改革，意在让学生明白俄国的改革是伴随着领土的扩展、时代的进步进行的。通过俄国版图和时间节点的变化，学生自然而然地带着时空观的眼镜思考问题。

教师可以在展开俄国历史线索的时候指导学生讨论：每个历史时期，俄国做出的选择与时局的关系。时代不一样，俄国面临的形势就不一样。如俄国的农奴制由来已久，为什么是亚历山大时代才废奴，而不是彼得时代呢？彼得的改革和亚历山大的改革都带有局限性，这局限性能避免吗？通过讨论，学生就会养成结合时代背景评价历史事件的习惯。而同时代，俄国与其他国家相比又有自己的独特性。如《尼布楚条约》与《权利法案》是在同一年签订的，俄国选择对外扩张，英国却选择了对内革命。一个继续君主专制道路，一个率先开始了君主立宪，为什么会有这种不同呢？英法美都是通过革命的方式走上资本主义道路，为什么俄国要选择改革呢？通过这一系列的课堂设计，学生就会明白评价历史事件或人物要结合时代背景和地理环境。

在俄国的发展史中，我们可以适当引导学生关注俄国与其他国家的交集，培养学生横向比较历史的意识。如早期的俄国臣服于蒙古，这就可以与中国元朝的历史联系在一起。伊凡四世在位期间，始称沙皇，这又跟罗马帝国的分裂、灭亡是有联系的。摆脱蒙古控制后，俄国在扩张路上又遇到了中国的康熙皇帝，与清朝签订了著名的《尼布楚条约》，而当时的俄国沙皇就是彼得大帝，自然而然地引出彼得一世改革。亚历山大一世在位期间，打败了拿破仑的入侵，成为欧洲的救世主，声望一时无两，而拿破仑也就此走了下坡路。尼古拉一世在位时发动了克里米亚战争，也趁第二次鸦片战争的机会侵占了中国大片领土，当年《尼布楚条约》里规定的中国领土——库页岛，此时归了俄国。俄国农奴制改革时，美国也通过内战废除了黑奴制。

彼得一世改革只学习了西方先进的技术，这跟中国的洋务运动很像。亚历山大二世的改革自上而下进行，又可以和中国的维新变法对比。教师可以引导学生对比中俄两国的近代化历程。学生已经学习过中国史，此时再将中俄两国相似的历史事件进行对比，会加深学生的印象，也培养了学生分析历史事件的能力，学生也会在学习以后的世界历史时自觉地进行中外对比，这就树立了历史时空观。

纵观俄国的发展史，教师最后可以点出：俄国的文化是在东西方之间摇摆的，正如它的领土横跨欧亚大陆一样。从对蒙古的臣服、自称东罗马帝国的继承者，到彼得一世改革、1861年改革，俄国逐渐由东方文化向西方文化转变，顺应了世界资本主义发展的潮流。

彼得和亚历山大之间跨度大，俄国的处境也不一样，不联系起来，学生容易有割裂感。亚历山大二世和其他沙皇一起就像接力赛一样，使俄国发展起来，而亚历山大二世这一棒缩短了俄国同世界的距离。

初中历史课堂要有趣味性，如何在趣味中帮助学生树立时空观，这是每个教师需要思考的问题。本文以《俄国的改革》一课为例，对初中课堂的历史时空观教学策略做出了一些探索，希望能在课堂教学中起到一些作用。

参考文献：

［1］中华人民共和国教育部.普通高中历史课程标准［M］.北京：人民教育出版社，2017.

［2］九年级上册历史［M］.北京：北京师范大学出版社，2016.

初一学生历史核心素养历史时空观念的培养策略

——以部编版七年级中国古代史为例

广东省深圳市龙岗外国语学校　葛秀伟

伴随着高中课程标准的修改，历史教学提出了培养学生"历史学科核心素养"的要求，这次改革进而影响到了初中历史教学。时空观念是历史学科核心素养中重要的素养之一。培养学生的历史时空观念既符合义务教育历史课程标准的要求，又适应了当前新一轮教育改革的需要。本文结合实际教学，探讨培养初一学生历史时空观念的有效策略。

一、历史核心素养——历史时空观念的内涵

国家普通高中历史课标研制组重新对课程标准进行改革，在《义务教育历史课程标准（2011版）》《普通高中历史课程标准（实验）》等文件的基础上进行整合，提出了培养学生"历史学科核心素养"的要求。历史核心素养包含五大部分：历史时空观念、史料实证意识、家国情怀、历史唯物史观和历史解释。

《普通高中历史课程标准》对历史时空观念的培养目标做了如下表述：时空观念是指对事物与特定时间及空间的联系进行观察、分析的观念。通过本课程的学习，学生能够知道特定的史事是与特定的时间和空间相联系的；能够知道分割历史时间与空间的多种方式，并能运用这些方式叙述过去；能够按照时间顺序和空间要素建构历史事件、人物、现象之间的相互关联；能够在不同的时空框架下理解历史上的变化与延续、统一与多样、局部与整体，并据此对史事做出合理解释；在认识现实社会时，能够将认识的对象置于具体的时空条件下进行考察。

二、培养学生历史时空观念的重要性

1. 培养符合时代要求的人才

当代社会是一个人才竞争激烈的时代，人才的培养受到了国家和社会广泛的关注，国民核心素养的培养目标被提上日程。近年来培养学生"历史学科核心素养"的要求，正是在这种背景下提出的。

2. 历史的学科特点所决定的

时空观念对于学生，特别是七年级刚刚接触历史这门学科的学生意义重大。任何的历史事件都是发生在特定的历史时间和历史空间，时空观念的培养有利于帮助学生掌握正确的历史学习方法。

3. 培养学生跨学科思考和解决问题的能力

历史学科是一门综合性很强的学科，涉及政治、经济、文化、军事等方面，同时在学生学习时需要调动学生的语文、地理等知识。培养学生的历史时空观念，将历史人物和事件放在具体的时间和空间进行分析，有利于培养学生跨学科思考和解决问题的能力。

三、培养学生历史时空观念的策略

1. 利用历史专有名词、时间轴、历史大事年表、朝代歌

七年级的学生刚刚接触历史这门学科，首先需要掌握历史时间的多种表达方式，需要掌握一些历史专有名词和历史分期方式，以此来梳理历史发展的脉络。中国古代史按照使用的工具不同划分为了石器时代、青铜时代和铁器时代，石器时代又分为旧石器时代和新石器时代；按照社会性质不同划分为原始社会、奴隶社会和封建社会。另外，学生还需要掌握不同时代的特征，如夏商周是我国早期国家产生的时期，秦汉时期是我国统一多民族国家建立和巩固的时期，隋唐是我国封建社会的鼎盛时期，以此来对中国古代史某个时间段有一个宏观的认识。

七年级课本在表述历史时间时使用公元前、公元这些时间表达方式，但是课本当中对于公元纪年法却只字未提。在实际教学中，历史教师应该专门针对公元纪年法进行系统教学。在讲解公元纪年法的同时，可以结合历史时间轴，重点讲解公元纪年法中公元前和公元后的区别。在历史时间轴中，公元元年是公元一年，没有公元零年这一说法。世纪和年代如何换算、世纪初和世纪末如

何规定，对于七年级学生来说最难的应该是历史相隔时间问题，特别是公元前、公元后的计算问题。突破这个历史教学难点，利用历史时间轴是最好的办法。另外，需要在教学中补充中国古代特有的纪年方式，如年号纪年法、天干地支纪年法等。

七年级学生对历史学习有很大的兴趣，但是历史时间的记忆对于学生来说是比较困难的。在教学过程中，教师可以引导学生利用历史大事年表、朝代歌、历史口诀等方式化解这个难点。例如，蜀国建立的时间是221年，秦始皇统一六国的时间恰好是公元前221年，学生可以把这两个历史时间放在一起记忆。通过这样一些记忆技巧，学生在记忆历史时间方面就轻松很多。而记忆相关的历史时间是培养学生历史时空观念最基本的要求。

中国古代史朝代歌

夏商与西周，东周分两段。

春秋和战国，一统秦两汉。

三分魏蜀吴，两晋前后延。

南北朝并立，隋唐五代传。

宋元明清后，王朝至此完。

2. 利用历史地图

历史总是发生在特定的时间和空间中，时间是历史发展的轨迹，空间是人类开展活动的历史平台，历史地图通常被用来"表示人类在不同历史时期、不同地域空间下的发展状况，能对历史事件的地点、空间联系及其地理环境提供丰富的信息"。历史地图可以简明直观地反映时代的历史变迁，帮助学生架构起一个动态发展的时空格局。

历史教科书是学生学习的重要工具，历史教师在教学中应该充分挖掘历史教科书特别是历史地图资源，引导学生掌握识读历史地图的方法。在讲解《春秋战国形势图》时，指导学生阅读中国古代历史地图关注哪几个方面，如地图名称、图例和古今地名对照等。同时充分利用历史地图册和历史填充图册，丰富课本知识，形成全面完整的时空观念。中国古代史当中涉及一些地理专有名词，如中原地区、西域、河西走廊地区、黄河流域、长江流域、江南地区、南北方、东西方……由于七年级学生也是刚刚开始接触地理学科，对这些地区没有空间概念，所以在讲解相关历史知识时，历史教师有必要进行相关地理知识的补充和拓展。

3. 利用图示法

历史图示是"用符号的形状、大小、位置、方向、色彩的变化，使历史知识教学处于一个形象的动态演进过程中，从而调动了大脑两半球皮层细胞的活动积极性，使得难教难学的历史知识变得既形象又直观，既简约又有序"。培养学生的历史时空观念，我们可以借助图示。

首先，制作历史时间轴图示结构，以课本某一时间段为对象，将发生在此时间段内的重大历史事件依次排列，能展示历史发展脉络，帮助学生梳理知识体系，直观反映各个历史事件之间的相互联系。例如，梳理七（上）第一单元史前时期时涉及几个古人类，可以引导学生将元谋人、北京人、山顶洞人、河姆渡人和半坡人标注在历史时间轴图示上。其次，利用图示表示历史空间范围，如战国七雄的地理位置图、秦朝疆域四至图、魏蜀吴三国鼎立形势图等。教师还可以引导学生自主设计历史图示，学生绘制图示的过程，时空框架就在学生的脑海里建立起来了。

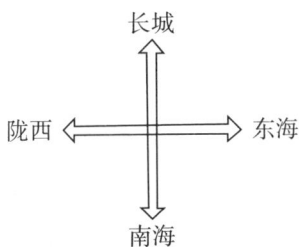

秦朝疆域四至图

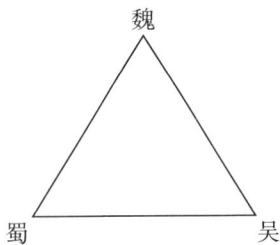

三国鼎立形势图

4. 利用情境教学法

情境教学能为中学生历史时空观念的培养起到一定作用，教师为学生提供体验的情境，学生在体验的过程中感知时空特点，从而获得真实的、生动的直观经验，实现新知识和旧知识的融合与互动。情境教学可以采取排练历史话剧、教师描述历史情境、多媒体技术还原历史情境等方式来开展。

例如，在学习商鞅变法这一知识时，商鞅变法的内容和作用是重点和难点。我采取了情境教学的方法，将全班分为四大组，分别代表新兴的地主阶级、农民、旧贵族和士兵四个不同的阶层，要求学生从所代表的阶层利益出发，思考商鞅变法的内容中哪一条对所在的阶层最有利或者最不利，并说明理由。学生很快分析出废除井田制、允许土地自由买卖对新兴的地主阶级最有利，废除贵族的世袭特权对旧贵族最不利，奖励军功对士兵最有利，鼓励耕织对农民最有利。这样的情景教学法不仅使得课堂气氛活跃，同时也解决了本课的难点和重点。

历史核心素养内容共分为五部分，历史时空观念作为历史核心素养的重要组成部分，对于初一学生掌握学习历史的基本方法非常重要。本文从历史时空观念的内涵、重要性和培养策略进行探讨，虽然不全面，但希望可以和各位初中历史教师共同探讨学习。

参考文献：

［1］刘军.历史教学的新视野［M］.北京：高等教育出版社，2003.

［2］赵恒烈.历史思维能力研究［M］.北京：人民教育出版社，1998.

［3］傅国兴.高中历史时空观念的培养目标及教学策略教学［J］.教学，2017.

论历史核心素养之时空观念的含义及培养策略

广东省深圳市光明区高级中学　李佳博

随着我国新课改的不断深入，中学历史教学愈发重视中学生能力的培养和历史素养的提高。正如新修订的《普通高中历史课程标准（征求意见稿）》中指出，中学历史教学要注重培养学生的历史学科核心素养。也就是说，历史教学要褪去单纯传授知识的外衣，向提升学科能力及学科素养转变。其中，时空观念是历史学科核心素养的核心观念之一，也是其梳理历史事物发展历程及知晓历史事件演变过程的基础。由此可见，时空观念在历史教学中占重要地位。本文旨在对历史核心素养之时空观念的含义及其培养策略进行考察，现浅析如下。

一、阐释历史时空观念的基本内容

1. 追溯历史时空观念概念的起源

时空观念一直是古今中外智者热研的重要内容，早在战国时期便已有对"时空"概念的阐释。如《庄子·内篇·齐物论》中提及"宇宙"的概念，且在《庄子·庚桑楚》中做了具体解释：实际存在却无处所即是"宇"，延展但没始终便为"宙"。另《三苍》云："四方上下曰宇，古往今来曰宙。"《楞严经》卷四："世为迁流，界为方位。汝今当知：东、西、南、北、东南、西南、东北、西北、上、下为界。过去、未来、现在为世。"上述典籍所提及的"宇宙""世界"，便已具有"时空"之义。时空观念还是西方哲学世界观的主要研究对象。如古希腊时期的柏拉图认为时间是永恒的，具有运动的影像，空间则被认为是由"形"和"数"构成的。亚里士多德的时空理论阐述时间具有连续性，并用"地点"来表示空间。布鲁诺、伽利略提出时空无限的思想，并把物质存在的绝对形式归结为时间与空间。牛顿系统提出了机械主义绝对的时空观。笛卡尔受其"物质与精神"二元论的影响，提出时间与空间的双重特性，即时间的连续性与空间的广延性。马克思的辩证唯物主义批判地继承了以往各派哲学的时空观，认为时间和空间是运动着的物质存在的基本形式，是物质固有的普遍属性，时间和空间与运动着的物质是不可分的，承认时间、空间的客观性、绝对性和无限性，同时又承认时间和空间的具体形态和具体特性具有多样性、相对性和具体事物时空的有限性。就史学中时间与空间的表现形式而言，历史时空观念更接近于辩证唯物主义的时空关系。

2. 阐释历史核心素养之时空观念的基本含义

（1）素养的含义。

素养即指从事某项活动时应具备的素质及修养，是先天条件与后天实践相互作用而形成的必要能力。

（2）核心素养的含义。

《21世纪学生发展核心素养研究》的作者林崇德先生指出："核心素养是学生在接受相应学段的教育过程中，逐步形成的适应个人终生发展和社会发展需要的必备品格与关键能力。"

（3）学科核心素养的含义。

"学科核心素养是学科育人价值的概括性、专业化表达，是知识与能力、过程与方法、情感态度与价值观的整合与提炼，是学生在学完本课程之后所形成的、在解决真实情境中的问题时所表现出来的必备品格和关键能力。"叶小兵在《培养学生的历史学科核心素养——历史课程教材改革的新思路》中的阐述，即学科核心素养是学科育人价值的集中体现，是核心素养在特定学科的具体化，带有鲜明的学科特色，以具体学科的知识体系为依托，是学生学习该学科之后所形成的、具有学科特点的思维品质和关键成就。

（4）历史学科核心素养的含义。

《普通高中历史课程标准（征求意见稿）》中指出："历史学科的核心素养是学生在学习历史过程中逐步形成的具有历史学科特征的必备品格和关键能力，是历史知识、能力和方法、情感态度和价值观等方面的综合表现，包括唯物史观、时空观念、史料实证、历史解释、家国情怀等五个方面。"简而言之，历史学科核心素养是通过学习获得的关键能力和通过学习形成的能适合个人终生发展和社会发展需要的必备品格。

（5）时空观念的基本含义。

时间和空间应该是时空观念的两个维度，而不是单纯的机械组合。在这两个维度的有机组合下，学生对历史才会产生"立体感"，而不至于仅仅记忆书本上的印刷字体。叶小兵认为，历史的时空观念是指历史时序观念和历史地理观念。只有将史事置于历史进程的时空框架当中，才能显示出它们存在的意义。此处与《普通高中历史课程标准（征求意见稿）》对时空观念的界定相呼应，并且进行了一定的延伸，点明了历史时空观念就是历史时序观念与历史地理观念。叶小兵所强调的时序观念是一部分研究者的共识，但在时空观念中的"空间"方面，研究者却没有达成共识，只是笼统地称之为空间要素。其实，历史时空观念更重要的地方不在于时与空的定义，而在于时与空的结合，这才应该是历史时空观念的最终落脚点。近期，教育部颁布的《普通高中历史课程标准（征求意见稿）》指出，历史时空观念是对事物与特定时间及空间的联系进行观察、分析的观念，并且在此基础上将其内涵分解为五个方面：能够知道特定的史事是与特定的时间和空间相联系的；能够知道分割历史时间与空间的多种方式，并能运用这些方式叙述过去；能够按照时间顺序和空间要素，建构历史事件、人物、现象之间的相互关联；能够在不同的时空框架下理解历史上的变化与延续、统一与多样、局部与整体，并据此对史事做出合理的解释；在认识现实社会时，能够将认识的对象置于具体的时空条件下进行考察。可以看出，本标准力图从整体上把握时空观念。在内涵分解上，本标准极力避免将时间与空间分开叙述，强调特定时间与空间的联系。对于时空观念的界定宽而有界、深而有度，容易以此为框架进行阐释，并且能保持在界定范围之内不至于偏离主题，有助于后文的展开。

3. 时空观念在中外历史课程标准中的体现

"时序思维能力被认为是历史推理的核心。没有强烈的年代学意识（指事件发生的时间、处在何种时间顺序当中），学生就不可能考察它们之间的相互关系或解释历史的因果联系。年代学是组织历史思维的智力前提。"故在西方国家的历史课程标准中，将时空观念作为培养的重要目标。如美国社会科将历史、地理和公民三科整合，有助于时空观念的形成，且在历史课程标准中明确提出将时序思维能力作为首要培养任务，助以搭建新的知识体系。澳大利亚历史课程标准"知识与理解能力"板块中提出："时间与年代学——对时间的不同理解，用于描述历史时期与以往时间的习惯做法。人物、事件及影响历史的诸多因素的年代表，知道对古代世界和现代世界重要事件的历史时期并对其排序，以了解历史时间之间的因果联系。"日本设置历史地理科，将历史与地理合二为一。其内容分为世界史和日本史，要求学生学习世界史时理解世界历史的基本框架和演变过程，将世界历史与日本历史联系起来，注重培养学生以国际视野理解、分析历史。而在学习日本史时，从世界史视野考察与日本相关的国际环境，加深对日本文化和传统特色的认识。

我国初高中历史课程标准也在跟西方国家历史教学方向接轨，促使历史教学褪去单纯传授知识的外衣，向提升学科能力及学科素养转变。如《全日制义务教育历史课程标准（实验稿）》规定："在熟练掌握基础历史知识的过程中，逐渐培养学生形成正确的历史时空观念，并且能够掌握历史年代计算法，使用与识别相关历史图标等基本技能。"另《全日制义务教育历史课程标准解读》语："学生通过历史教育学习必须具备的几项基本能力：正确识读历史地图、准确指认和判断历史事物空间范围的能力。"在新课标中，知识与能力板块要求学生"初步学会在具体的时空条件下对历史事物进行考察"，并在教学活动建议中提醒学生"观察秦疆域图，建立时空概念"。在高中历史教学中，对时空观念提出了更高层次的要求，与此同时阐明时空观念在高中历史学习中的重要性。按《普通高中历史课程标准（征求意见稿）（2017年）》述："时空观念是在特定的时间联系和空间联系中对事物进行观察、分析的意识和思维方式。任何历史事物都是在特定的、具体的时间和空间条件下发生的，只有在特定的时空框架中，才可能对史事有准确的理解。"故可知晓，相关教育部门对历史时空观念越发重视。

二、培养学生历史时空观念的教学策略

培养学生的时间观念和空间观念，是历史教学的基本任务。现如今，历史教学中仍然存在学生历史时空观念错乱模糊的现象，教师需着重培养学生的历史时空观念。这就要求教师向学生传授历史知识的同时，要和学生讲清时间和空间的概念，帮助学生形成正确的时空观念，如擅于帮助学生形成清晰的知识体系、帮助学生辨别不同时空的历史内容。在引导学生掌握知识脉络、构建知识体系的同时，要将历史时空观念渗透于整个历史教学任务中。在一线教学中，我总结如下教学策略，用以培养学生的历史时空观念。

1. 掌握记述历史事件的纪年方式

在具体教学过程中，我发现学生会因对纪年方式的不甚了解，导致对历史事件发生的先后次序产生错乱。纪年方式有很多种，如年号纪年法、王公即位年次纪年法、干支纪年法、年号干支兼用法、星岁纪年、生肖纪年、公元纪年、诃利纪年等十数种纪年方式。目前，历史教科书中常用的纪年方式有两种，即公元纪年和干支纪年。下文将分而述之。

（1）公元纪年法。

公元纪年法又名西元纪年法，也称基督纪元法，简称公元、西元。由意大利哲学家阿洛伊修斯·里利乌斯对儒略历加以改制而成，是现行通用最广的纪年方法，也是我们日常所说的阳历或公历。公元纪年以耶稣诞生之年为公元元年，耶稣诞生之年之前称为公元前，用B.C.表示；耶稣诞生年之后称为公元后，简称公元，用A.D.表示。公元纪年法包括公元、世纪和年代三个基本纪年单位。学生需掌握具体年份如何用世纪和年代表述，这是在历史学习过程中必须掌握并贯串学习始末的基本史学素养。

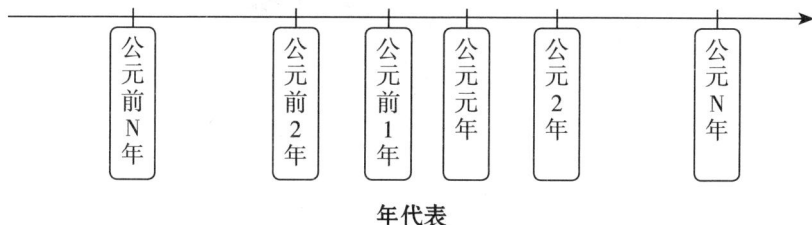

年代表

举例说明，2028年是21世纪20年代，1234年是13世纪30年代，公元前123年是公元前2世纪20年代，公元前789年是公元前8世纪80年代。得出结论：在具体年份用世纪和年代进行表述时，世纪前面的数字比年份百位数和千位数上的数字大1，年代前面的数字即是十位数字本身。值得说明的是，公元后每个世纪的前20年或者是公元前每个世纪的后20年，一般不用年代来表示。

（2）干支纪年法。

干支纪年法是我国古代沿用至今的时间计法。干支是天干和地支的总称，由十天干和十二地支构成。十天干即甲、乙、丙、丁、戊、已、庚、辛、壬、癸。十二地支即子、丑、寅、卯、辰、巳、午、未、申、酉、戌、亥。在现行历史教科书中，经常会遇见用干支纪年表示历史事件的情况，如"中日甲午战争""戊戌变法"。另在高考文综试卷中，干支纪年与公元纪年的相互换算也是经常出现的考点之一。

例如：［2008年海南卷Ⅰ］中国古代以干支纪年，天干是"甲、乙、丙、丁、戊、已、庚、辛、壬、癸"，地支是"子、丑、寅、卯、辰、巳、午、未、申、酉、戌、亥"。甲午中日战争发生于1894年，八国联军侵华的1900年应该是（ B ）

A．乙亥年　　　　B．庚子年　　　　C．戊戌年　　　　D．丁丑年

再如：下图是孙中山先生逝世纪念地（北京东城区张自忠路23号）。现门口悬挂"孙中山先生逝世纪念室"匾。外间西墙上镶有一长方形汉白玉刻石，上刻"中华民国十四年三月十二日上午九时二十五分孙中山先生在此寿终"。刻石上悬挂孙中山遗像。右方镜框内写的是《总理遗嘱》，左边镜框内为《致苏联书》。条案上放着《建国方略》《中山全书》等，一切均照其生前样子陈列。按我国古代传统干支纪年方法，国父孙中山先生逝世应是（ B ）

孙中山先生逝世纪念地

A．乙丑年　　　　B．甲子年　　　　C．戊戌年　　　　D．丁丑年

故无论从史学素养还是应试方面来讲，干支纪年与公元纪年的相互换算都应成为学生必须掌握的内容之一。

公元纪年与干支纪年换算表格如下表所示：

公元纪年与干支纪年换算

甲	乙	丙	丁	戊	已	庚	辛	壬	癸		
4	5	6	7	8	9	0	1	2	3		
子	丑	寅	卯	辰	巳	午	未	申	酉	戌	亥
4	5	6	7	8	9	10	11	0	1	2	3

试问，2018年用干支纪年如何表示呢？首先将"2018"中的最后一位"8"与十天干中的"8"对应，得出的是"戊"，再用2018除以12，余数是"2"，

用"2"与十二地支里的"2"对应，得到的是"戌"。天干在前，地支在后。也就是说，十天干的"戊"位于十二地支"戌"之前，故2018年用干支纪年表示为戊戌年。再如，1894年用干支纪年如何表示？将1894中的最后一位"4"与十天干中的"4"对应，得出的是"甲"，再用1894除以12，余数是"10"，用"10"与十二地支的"10"对应，得到的是"午"。也就是说，十天干的"甲"位于十二地支"午"之前，合并组合，故1894年用干支纪年表示为"甲午"年。所以，发生在1894年的中日战争学界称之为"甲午中日战争"。由此可见，干支纪年与公元纪年的换算方法为干支纪年里的天干是公元纪年的个位数所对应的天干，地支是公元纪年除以12所得余数对应的地支。以上两种纪年方法的掌握是培养学生历史时空观念的基础。

2. 擅于利用历史教科书

教材是教师的教学依据，也是学生学习历史最直接的工具，获取历史知识、培养历史时空观念都离不开历史教材。在部编版2017年初中历史教材中，用于培养学生历史时空观念的资源很多。

（1）巧用导读。

导读以精练概括的语言将单元内容加以简述，在章节学习过程中起着提纲挈领的重要作用。教师引导学生研读导读部分，会辅助其搭建章节所涉及的时空框架，有助于培养学生的历史时空观念。如部编版2017年初中历史教材八年级上册共七个导读部分，导读提道："1840年，英国发动鸦片战争，清政府被迫签订《南京条约》……1856年，英法联合发动了第二次鸦片战争……19世纪末，义和团运动兴起，进行反对帝国主义的斗争……1911年，辛亥革命终于推翻了清王朝的统治，结束了在中国延续两千多年的君主专制制度……1919年，中国在巴黎和会上的外交失败，引发了一场彻底的反帝爱国运动……1921年7月，中国共产党诞生，中国革命的面貌焕然一新……1931年，日本发动'九·一八事变'，挑起侵华战争，中华民族面临严重的民族危机……1937年7月，日本发动全面侵华战争，中国全民族抗战由此开始……1945年8月15日，日本宣布无条件投降……1945年9月2日，日本政府正式签署投降书……"在导言部分，通过精练的语言将中国近代史中的重大历史事件按时间顺序列举出来，从宏观的角度为学生构建出一个历史时空框架。

（2）善用补充文。

历史教材主要以文字的形式向学生传达历史信息。历史信息主要由两方面构成，一为基本文，二为补充文。基本文是对基本史实的讲解与阐述，是课本内容的主要部分，用以体现最基本的历史线索和历史发展特征。而补充文是以材料的形式对基本史实加以补充和深化，是培养学生历史核心素养的有效手段之一。例如，教授义务教育教科书部编版八年级上册第一课《鸦片战争》这部分内容时，在整个战争过程中，英军先后两次攻占定海，这个知识点在整个课程讲授的过程中并非重点，如果教师只着眼于基本文的讲述，那么学生只会把两次攻占定海作为一个孤立的历史事件进行识记。但若结合补充文小字部分进行讲解，则会增加学生的学科收获。如第一课的补充文讲述："自清初以来，浙江舟山岛因邻近长江入海口，地处中国东部海岸线的中部而受到一些西方人的重视。一位英国人在考察舟山岛上的定海县后认为，定海与欧洲的威尼斯非常相似，只不过是较小一点。所以，英国人早就试图在浙江舟山建立据点，借以打开长江流域的商品市场。从18世纪50年代起，东印度公司多次派船北上，失败后，英国政府又多次派使团来华交涉，都没成功。第一次鸦片战争期间，英军曾两次占领舟山，建立军事据点，进行殖民统治。《南京条约》签订后，部分英国人甚至仍试图以香港岛换舟山。后来，英军虽然撤出舟山，但仍将舟山等岛置于其'保护'之下。后来，德国人、法国人都曾经想占据该岛，均因英国人的'保护'而作罢。舟山从此成为英国在长江流域谋取利益的重要据点。"通过补充文的描述，可知晓许多背景信息。如定海的具体地理位置及重要性；舟山岛上的定海县与欧洲的威尼斯非常相似；《南京条约》签订后，英国人甚至试图以香港岛换取定海；舟山岛上的定海县位于长江流域，因英国长期将舟山的定海置于其"保护"之下，遂长江流域成为英国谋取利益的重要据点。这不仅增加了学生对英军两次攻占定海原因的理解，而且对与定海有关的地域信息和历史事件发生的时间有了大体的把握，基本时空框架得以搭建。故而，教师巧用补充文，不仅可以增加历史课堂的趣味性，激发学生的学习兴趣，还可以帮助学生构建历史表象思维，培养学生的历史时空观念。

（3）注重历史年表。

历史年表是以时间为经、事件为纬，有序而言简意赅地记述历史的一种方法。历史年表能够使学生直观明了地理顺历史事件的发展脉络，有助于培养学生的历史时空观念。

如岳麓版高中教材的历史年表，将中外历史大事件按照时间顺序以政治、经济、文化为板块进行排列。纵向反映历史事件发生的先后顺序，把握历史事件发展与演变的脉络，横向明了同一时期中国与世界的联系。可见，历史大事年表能从横向空间和纵向时间两方面将中外历史事件加以整合，进而辅助学生构建历史时空观念。

3. 注重历史图像的应用

赵恒烈在著作中将学习历史分为两个层次，即"符号型"与"立体型"。"符号型"学习方式以背诵为主，对历史的记忆仅停留在字句的表面上，而"立体型"则通过字句构建出一个立体的形象世界。克服"符号型"学习方式的最佳方法便是应用历史图像。"图像意境兼备，有立体感，还能赋予想象，把客观的历史与主观感觉的印象即意象统一起来。历史图像是构建形象思维的彩带，是从'符号型'向'立体型'过渡的桥梁。"由此可见，历史图像因其生动、直观、形象、立体的特性成为非语言传递历史知识的重要途径。因此，历史图像对培养学生的历史时空观念具有重要作用。历史图像在学生学习环境中分布十分广泛，下文将着重从历史地图和图示结构两方面阐述其在构建历史时空观念中的重要作用。

（1）勾勒历史地图。

历史地图用来"表示人类在不同历史时期、不同地域空间下的发展状况，能对历史事件的地点、空间联系及其地理环境提供丰富的信息"。也就是说，历史地图是依据史料进行绘制有关人类历史活动在特定时空内的表现及进程的地图。历史地图不仅展示了人类历史活动的进程，还反映了人类的历史活动与其所处地理环境的密切关系，揭示了人类活动的发展规律，呈现了与人类活动相关的自然环境与社会环境的状况与变化。比起教师的语言描述和书面的文字表达，历史地图则是以点、线、面的组合配以特定的符号来表述历史，直观地展示历史现象发生的空间位置和地理环境，再现历史发展的空间变迁，有助于学生形成正确的历史时空观。如教材中呈现的不同时期中国行政区划变迁图、军事战争形势演变图、人口和经济重心的迁移图等，与之配套的还有历史地图册和历史填充图册，均可辅助学生架构动态发展的时空格局。

（2）组建图式结构。

图式结构是"用符号的形状、大小、位置、方向、色彩的变化，使历史知识教学处于一个形象的动态运演过程中，从而调动了大脑两半球皮层细胞活动的积极性，使得难教、难学的历史知识变得既形象又直观，既简约又有序"。

图式结构也包含许多类别，如时间轴、历史朝代的疆域范围等。

时间轴以某一时间段的历史事件为梳理对象，将此时段内的相关事件按照时间顺序排列，不仅能展示历史演变的脉络，还可反映各历史事件之间的相互关系。如梳理鸦片战争到新中国成立这一期间的历史事件，如下图所示：

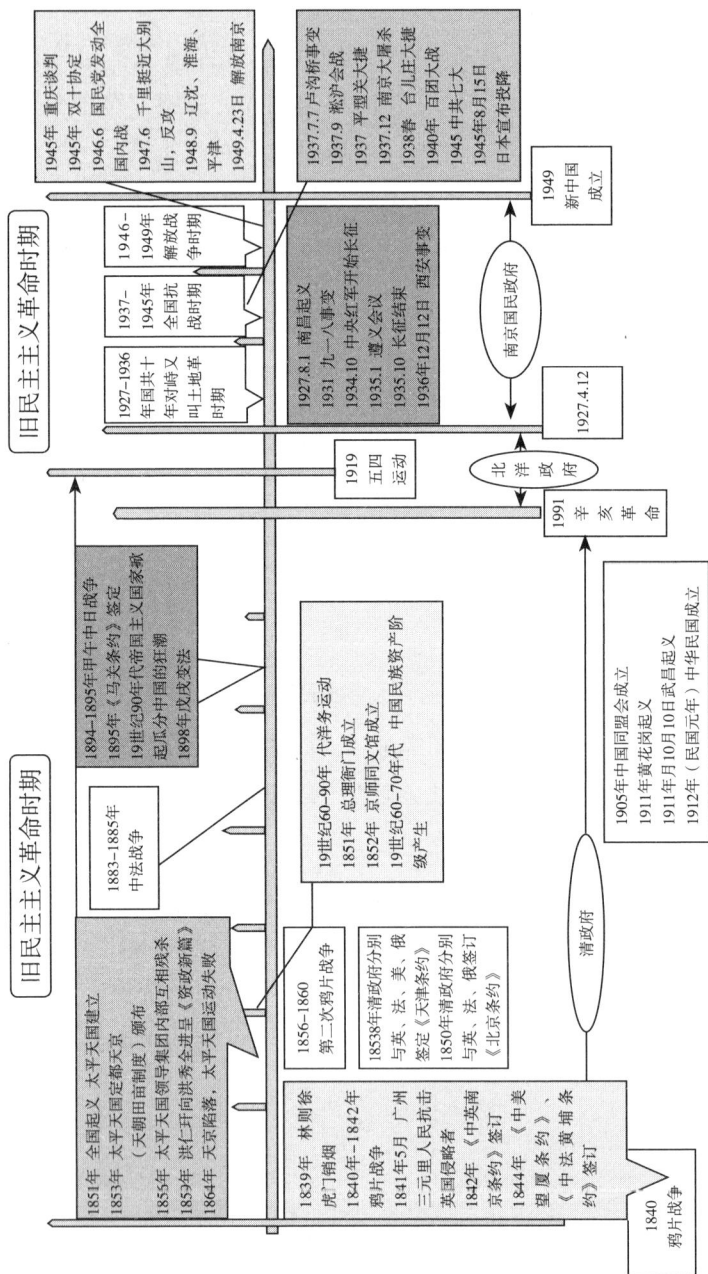

图：鸦片战争到新中国成立这一期间的历史事件

旧民主主义革命时期

1945年 重庆谈判
1945年 双十协定
1946.6 国民党发动全国内战
1947.6 千里跃进大别山，反攻
1948.9 辽沈、淮海、平津
1949.4.23 解放南京

1937.7.7 卢沟桥事变
1937.8 淞沪会战
1937 平型关大捷
1937.12 南京大屠杀
1938春 台儿庄大捷
1940年 百团大战
1945 中共七大
1945年8月15日 日本宣布投降

1946—1949年 解放战争时期
1937—1945年 全国抗战时期
1927—1936年 国共十年对峙又叫土地革命时期

1927.8.1 南昌起义
1931 九·一八事变
1934.10 中央红军开始长征
1935.1 遵义会议
1935.10 长征结束
1936年12月12日 西安事变

1949 新中国成立

南京国民政府

1927.4.12

1919 五四运动

北洋政府

1991 辛亥革命

1905年中国同盟会成立
1911年黄花岗起义
1911年月10月10日武昌起义
1912年（民国元年）中华民国成立

1894—1895年甲午中日战争
1895年《马关条约》签定
19世纪90年代帝国主义国家掀起瓜分中国的狂潮
1898年戊戌变法

19世纪60—90年代 洋务运动
1851年 总理衙门成立
1852年 京师同文馆成立
19世纪60—70年代 中国民族资产阶级产生

1883—1885年 中法战争

旧民主主义革命时期

1851年 全国起义 太平天国建立
1853年 太平天国定都天京（天朝田亩制度）颁布
1855年 太平天国领导集团内部互相残杀
1853年 洪仁玕进呈《资政新篇》
1864年 天京陷落，太平天国运动失败

1856—1860 第二次鸦片战争

1838年清政府分别与英、美、法签定《天津条约》
1850年清政府分别与英、法、俄签订《北京条约》

1839年 林则徐 虎门销烟
1840年—1842年 鸦片战争
1841年5月 广州三元里人民抗击英国侵略者
1842年《中英南京条约》签订
1844年《中美望厦条约》《中法黄埔条约》签订

清政府

1840 鸦片战争

138

时间轴以材料的形式展现历史脉络的发展演变，帮助学生巩固知识，形成系统的知识体系，加深学生对课本知识的理解和记忆，按照时间顺序梳理这一时段的历史事件，从而培养学生的历史时间观念。

4. 利用多媒体辅助教学

多媒体教学"指教师在教学过程中以能支持动画和声音等多种计算机教学软件工作的电脑为核心的硬件为载体，以适合历史教学需要的各种课件和配套用的各种声光电子器材为工具，用以传达现代化直观性教学信息的教学模式"。在互联网+时代，多媒体教学已成为历史教学中的重要手段之一。多媒体教学通过现代化的信息手段，可以最大限度地还原历史的原貌，再现历史发展的过程，延伸历史时空的范围，为学生创设动态、直观、鲜活的历史情境，是培养历史时空观念的重要手段。在常规历史教学中，PPT和视频影像是常用的多媒体教学手段。

幻灯片在培养学生历史时空观念方面具有重要作用。上文提及的历史地图、图式结构图表等均是培养学生时空观念的重要手段，历史课本虽涉及的历史地图和图式结构图表很多，但远不能满足学生历史思维全面发展的要求，这就需要利用幻灯片集合多种教学资源，引领学生进入一个动态、全面、鲜活的时空情境，增强历史教学的感染力，丰富学生的历史感知，提高学生对历史知识的接受能力，从而搭建历史时空框架。因此，PPT是传统教学手段的延伸，可将二维的历史世界拓展为三维的历史时空，从而辅助教师为学生搭建历史时空观念。

视频影像的作用亦然。视频影像通过图像、声音、文字、语言等媒介集历史信息于一体，立体呈现历史过往，创设历史时空情境，使学生切身感知特定历史时空的风土人情。

5. 创设体验式教学

体验式教学指"在教学过程中，根据学生的认知特点和规律，通过创造实际的或重复经历的情境和机会，呈现或再现、还原教学内容，使学生在亲历的过程中理解并建构知识、发展能力、产生情感、生成意义的教学观和教学形式"。历史时空观念因其具有抽象性，从而需要教师为学生提供体验的机会，引领学生在真实的情境中感知历史，实现历史知识的整合与更新，从而构建一个既动态灵活又贴合实际的历史时空。

（1）参与实地考察。

历史是以时间为依托并发生在一定地域范围内的事件，因此实地考察成为培养学生历史时空观念必不可少的环节之一。教师可以组织学生游览饱含历史信息的名胜古迹，引导学生回顾教材知识并在此基础上形成新的认知，从而帮助学生形成真实、具体、深刻的历史体验。如部编版《中国历史》八年级上册第27课为活动课，主题是考察近代历史遗迹，了解家乡与近代中国有关的建筑物、纪念馆等历史遗迹，感受近代中国历史。百年近代历程，中国社会发生了全方位的深刻变化，开始了从传统农耕文明向现代工业文明的转型。随之而来的是生产方式的改变、社会制度的变革等，人们的思想观念、生活方式也开始从封闭和僵化走向开放和多元。建筑是凝固的历史，承载和记录了许多历史信息。选择一个近代建筑，走近它，了解这里曾经发生过的事，了解居住过的人，了解他们曾经对本地乃至对中国社会发展产生的影响。实地考察这种探究式的教学活动，不仅可以培养学生观察分析历史事物、搜索历史信息的能力，使学生学会实地考察的基本方法和技能，同时还可以将自身放置于考察访问中听到、看到的与建筑相关的人与事中，印证历史新知，丰富历史体验，在培养历史核心素养的同时促使其时空观念的形成。

（2）创设情境教学。

情境教学同样能对培养历史时空观念起到重要作用。教师为学生提供体验的情境，学生在体验的过程中感知时空特点，从而获得真实的、生动的直观经验，实现新知识与旧知识的融合与互动，促进自身知识体系的更新与完善。在常规教学中，教师可以帮助学生排练历史话剧。历史话剧以其生动、灵活的形象特征，能够迅速吸引学生的注意，调动全体学生的积极性，收到良好的教学效果。学生在扮演历史人物或观看话剧的过程中，可以真切地感知历史事件发生的情境，亲身体会历史事件发展变化的特征，从而在认知上建立起一个更加立体、形象的历史世界，开启三维时空的学习模式。情境教学还可以通过多媒体技术形象地还原历史原景，烘托出历史事件发生的情境，为接下来的历史教学做好情感渲染，起到心理预备的作用。教师还可以借助自己生动形象、张弛有度的教学语言，为学生营造历史学习的氛围，让学生在一个立体、生动的时空中领略历史的风采。

综上所述，历史是一部人类史，学习历史就是学习人类为生存而不断发展的历史活动。人们通过对人类历史活动的时空了解，分析其发生的因果联系。因此，历史时空观念就是坚持联系的观点，注意历史事件在时间上的纵向联系和在不同地域之间的横向联系，寻找历史的规律性。加强时空意识的培养，有利于正确还原历史，有利于准确把握历史知识间的联系，也有利于知识的纵横类化和大历史观的树立。

参考文献：

［1］义务教育教科书部编版《中国历史》八年级上册［M］.北京：人民教育出版社，2017.

［2］聂幼犁.历史课程与教学论［M］.杭州：浙江教育出版社，2003.

［3］赵恒烈.历史思维能力研究［M］.北京：人民教育出版社，1998.

［4］赵亚夫.国外历史课程标准评介［M］.北京：人民教育出版社，2005.

［5］中华人民共和国教育部.全日制义务教育历史课程标准（实验稿）［M］.北京：北京师范大学出版社，2007.

［6］冯长运.全日制义务教育历史课程标准教师读本［M］.武汉：华中师范大学出版社，2002.

［7］教育部基础教育司.全日制义务教育：历史课程标准解读［M］.北京：北京师范大学出版社，2002.

［8］中华人民共和国教育部.全日制义务教育历史课程标准（2011年）［M］.北京：北京师范大学出版社，2012.

［9］叶小兵.历史教育学［M］.北京：高等教育出版社，2004.

［10］罗素.西方哲学史［M］.北京：商务印书馆，1996.

［11］李崇德.21世纪学生发展核心素养研究［M］.北京：北京师范大学出版社，2016.

［12］赖永海.楞严经［M］.北京：中华书局，2012.

［13］田源.新课改下中学历史教学时空意识培养［D］.锦州：渤海大学，2016.

［14］臧楚.中学历史教学中时空观念的培养［D］.济南：山东师范大学，2017.

［15］王强.浅谈七年级学生"历史时空观"的培养［J］.中学历史教学考，2017（4）.

［16］肖海平，付波华.体验式教学：素质教育的理想选择［J］.教育实践与研究，2004（1）.

［17］於以传.改进中学历史地图教学的思考与实践［J］.课程·教材·教法，2014（5）.

［18］刘国贞.历史教学应注意培养学生的时空观念［J］.天中学刊，1999（S1）.

［19］赵根柱.谈时间、空间观念在历史教学中的作用［J］.散文百家，2013（7）.

［20］蔺子武.时空观念的形成和历史教学［J］.兰州教育学院学报，1991（2）.

［21］高云.高中历史教学中时空观的培养［J］.中学课程辅导，2014（12）.

［22］朱汉国.浅议21世纪以来历史课程目标的变化［J］.历史教学月刊，2015（10）.

［23］普通高中历史课程标准（初稿）［OL］.http：//www.fjjcjy.com/WebJcjy/ShowLast.aspx？new_id=7be3749cf0554cfe93f5a844cbd1f143&from=singlemessage，2016/11/10.

［24］中华人民共和国教育部.普通高中历史课程标准（征求意见稿）［S］.2017.http：//www.szsjyw.com/dede/uploads/soft/161012/52-161012153337.pdf

浅谈培养初中生历史时空观念途径

广东省深圳市南山外国语学校（集团）文华学校　刘栋梁

在历史课堂上，教师应综合运用学科思维习惯（如知识迁移、总结归纳、历史时序、历史空间）、教学工具（如教科书、历史影视剧、历史年代尺）和教学方式（如对比、创设情境体验式教学），并通过作业等多途径培养初中生的历史时空观念。

历史时空观念是初中生学习历史的基本素养，是历史学科对学生的基本要求，是每一堂历史课都必须贯串的内容。初中学生生性活泼、好动，没学过历史理论，所以培养初中生历史时空观念任重道远，需要坚持与智慧。我也是初步接触历史时空观念的培养，思维有所局限，主要是向工作室同人学习。

一、课堂教学中初中生历史时空观念的培养途径

（一）教师在课堂上有意识地培养历史学科思维习惯

历史思维的习惯是学习历史的基础，是培养学生形成历史时空观念的根基。主要包括如下习惯：

1. 知识迁移的习惯

人类的历史是一部完整的历史，历史事物之间不是孤立的，而是具有一定的相似性、相通性和规律性的。将历史时空中零散的历史事件或历史现象进行整合，总结出历史发展的规律，以及了解事物之间的相通性和规律性，理解历史发生的整体性，即是知识迁移与关联的习惯。郭德俊等人编著的《教育心理学概论》对"迁移"做如下界定："简单地讲，迁移就是一种学习对于另一种学习的影响，也就是学生已获得的知识经验、认知结构、动作技能等之间发生

的影响。"①由于历史学科知识跨越古今中外，涵盖了政治、经济、军事、文化等各个领域的内容，培养学生的时空观念，就需要引导学生在不同领域以及不同时空下的知识迁移。所以，教师在课堂教学中应有意识地培养学生学科知识迁移的能力，尤其是古今中外、历史和现实之间的迁移能力。

2. 总结归纳的习惯

21世纪是一个信息和知识爆炸的时代，在这个时代获得知识将变得不再困难。那么，如何提高自己归纳和总结的能力就变得非常重要。其实，总结归纳不外是对知识的再加工和重新组合，而不失去其最主要的信息量。历史学科也是这样，整部人类历史浩瀚广大，随着历史学习的深入，学生历史知识越学越多，纷繁复杂。如果教师引导学生及时以单元或者以课时为单位进行总结归纳，化繁为简，筛选并掌握重要的历史时空信息，更加有利于学生形成历史时空观念。

3. 历史时序观念

历史教学语境下的时序观念，是指在历史叙述中树立时间意识，学会运用时间术语来进行历史陈述，在历史分析时要重视资料文献中时间的价值与作用，在时间的背景下把握历史的变迁与延续、原因与结果。②历史学家把事件按照其发生的时间顺序排列，就像侦探对案件进行梳理一样，这样我们就能了解事情发生的原因及其影响，历史才真正变得有趣起来。中学历史教学中，培养学生的时序观念是一项重要的基础性任务。有了时序观念，学生才能构建时空观念。那么，如何培养学生的时序观念呢？方法有许多，最重要的就是在课堂教学中引导学生建立时间意识。学生只有有了明确的时间意识，在思考历史问题时才能准确地了解其时间，时刻意识到历史事件有着不可剥离的时间属性，在了解历史事件时才能对一系列历史事件的时序做出判断。有了明确的时间意识，学生才有可能将历史事件置于一定的历史时空之中，从而形成历史时空观。

4. 历史空间观念

空间观念是指在特定的空间联系中认识和理解历史，对历史事物进行观

---

① 郭德俊.教育心理学概论［M］.警官教育出版社，1998：95.

② 何成刚,沈为慧,陈伟壁.历史教学中时序观念的培养［J］.历史教学，2012（01）：18-24.

察、分析的重要思维方式。它涉及记忆、理解和综合分析等多种学习要求，是一种具有综合色彩的"必备品格和关键能力"。① 在平时的教学过程中，如何加强学生的历史空间观念？我认为，最重要的就是重视历史地图的作用。在历史教学中融入地理教学，对于历史地图进行深层次的解读，挖掘隐藏在地图之后的重要信息，揭示历史空间的变革，引导学生建立历史的空间观念。

（二）教师在课堂上善于使用各种历史教学工具，帮助学生构建基础的历史时空观念

教学工具是课堂教学不可或缺的辅助工具，有些教学工具对培养学生的历史时空观念有着重要的作用，主要分为以下几种：

1. 教材

教材是历史教师开展教学的主要依据，也是学生获取历史知识的主要工具。利用历史教材培养学生的历史时空观念，将是教师施展培养策略的第一步。教材的种类有很多，包括文字教材、影像教材等。其中，历史教科书是最主要的历史教材，是学生学习历史最直接的方式。所以，历史教师要善于从教科书中寻找资源，培养学生的历史时空观念。经常用于培养学生历史时空观念的教材内容主要有历史图片（包括历史地图、历史插图）、单元引导语、补充文字（包括历史人物的言论）、历史年表、活动课等。其中，历史图片（包括历史地图、历史插图）是比较容易引导学生构建时空关系的教具。而我想强调的是单元引导语和历史年表，这两则内容易被忽略，但如果使用得当，这两则内容也能起到非常重要的引导学生形成历史时空观念的作用。

（1）单元引言。

以最新的部编版历史教材为例，每单元都在单元的封面位置有一则单元引言。单元引言以高度精练的语言将本章节的内容叙述出来，方便学生对本章节整体知识的完整把握，对学生整体历史学习起到提纲挈领的重要作用，对学生构建系统的时空框架有益。因此，教师应该注重教科书导读部分的应用价值。

（2）历史年表。

培养学生的时空观念，教科书还有一个重要的辅助功能，那便是历史年

---

① 苗颖.高中历史"空间观念"素养的考查与教学思考——基于2017年高考历史试题的分析[J].教学月刊·中学版(教学参考)，2017（10）：60-62.

表。历史年表应用广泛，几乎每一册历史教科书的最后都会附有历史年表，但是历史年表的作用却得不到教师的普遍重视。历史年表的种类有很多，最典型的就是按历史时间顺序排列的历史大事年表，如2017版的部编教材。但是如此像流水账一样的大事年表无法高效地帮助学生构建历史时空框架，需要教师根据自己具体的教学情况自行编写大事年表。历史大事年表并非越精细越好，而是要选取能够凸显内在逻辑关系的重大历史事件来编写。如编写明清历史年表，可以按照如下思维进行编写，有助于学生形成历史时空观念。

明清历史年表

时间	政治		经济		文化	
	中国	外国	中国	外国	中国	外国
1368 — 1840						

2. 历史视频材料

历史视频材料一般分为历史纪录片和历史影视剧两大类。历史纪录片一般是对于历史出土文物的如实记录，对于刚上初中的学生而言吸引力不是很大，反而是一些制作精良、优秀的历史题材类的影视剧（电影）对学生的吸引力较大，如《汉武大帝》《雍正王朝》《大明王朝1566》。这些影视剧（电影）通过模仿历史时代的人物与发生的事件，再次还原历史场景，学生通过观察其中的人物对话、服装、故事情节，了解那个时空的历史，从而比较容易地建立起对于那个时空的框架。

3. 历史时间轴（年代尺）

在课堂教学过程中，经常会用到时间轴来构建历史横向与纵向的时空关系，通过时间轴的勾连、对比，加深学生对历史的整体宏观认识，从而加深对相关历史时空的理解。

（三）教师在课堂上要善于使用各种教学技巧引导学生架构历史时空，加深对历史的理解

1. 教师在课堂上通过对历史的对比与类比引导学生进行历史时空观的构建

历史对比是对一些不同历史事件进行比较，得出其相同和不同之处，从而加深对相关历史时空的认识。历史类比是指对相类似、易混淆的历史事件进行对比，找寻不同之处，以便区别。这两种教法都要求学生从不同历史时空出发进行比较与思考，找寻相同与不同，加深对不同时空的理解，从而加深对历史时空的理解和整体把握。

2. 教师通过创设情境的体验式教学引导学生架构历史时空，加深对历史时空的理解

历史时空观念是一种比较抽象的概念，是抓不到、摸不着的，这就需要学生在亲身经历的过程中获得直接体验，于是体验式的教学方式便应运而生。体验式教学是指"在教学过程中，根据学生的认知规律，通过创造特定的情境，重现教学内容，使学生身临其境地理解并建构知识和获得情感的教学形式"。[①]体验教学重在亲历，时空观念的培养就需要教师为学生提供多种实践的机会，从而帮助学生在真实的情境中认知历史，最终实现历史知识的整合与更新，重新构建起一个既贴合实际又动态灵活的历史时空。体验式教学最容易操作的便是帮助学生排练历史话剧。历史话剧具备生动、形象的特点，学生通过扮演话剧中的历史人物或观看话剧，"身临其境"地感知历史事件所处时空情境，从而主动构建更加立体、形象、鲜活的历史时空世界，进入更加高效的学习环境。

创设情境式的体验教学，目前比较容易开展的还有"历史穿越"模式，把课堂内容进行全新整合，通过一个历史人物的成长经历和见闻，引导出课程内容，以人物故事情节作为过渡，把一节历史课变成一节穿越课，对于比较枯燥的历史效果比较好。这种课例最著名的要数夏辉辉老师的《卓尔不群的雅典》，通过虚拟一个人物"帕帕迪"的经历，把枯燥但又非常重要的古希腊城邦民主制的优劣展现得淋漓尽致。这类课例降低了历史与学生之间的距离，学生参与度高，比较容易引导学生构建历史时空框架。

随着VR、AR技术引入课堂教学，在虚拟的历史环境中上课不再是奢望。随着淘宝推出了BUY+的VR平台，VR的效果进一步提升，让人有身历其境的感觉。借助技术手段，能否把上述"穿越式"创设情境的体验教学在现实生活中模拟出来呢？答案是肯定的。随着技术的进步，在不久的将来，学生戴着VR、

---

① 肖海平，付波华.体验式教学：素质教育的理想选择［M］.教育实践与研究出版社，2004：9.

AR眼镜在历史的情境中学习历史、理解时空、感悟历史,历史时空观念通过更加方便的技术途径构建。到那时候,历史课或许会成为我们心目中的那种能震撼灵魂的课堂。

二、随堂检测中初中生历史时空观念的培养途径

1. 通过制作对比型的年代尺(表)培养学生历史时空观念

年代尺是关于历史发展时间的刻度尺,学生通过制作年代尺,会很容易理解历史发展的时序性。但是传统的年代尺解决不了空间问题,于是我在实际课堂检测中引入对比型的年代尺,增加了中外在政治、经济、文化(思想)方面的对比,引导学生深入思考现象之后的根本动因,加深学生对历史时空理解,从而为历史时空观念的培养打下基础。

2. 通过画思维导图培养学生历史时空观念

历史课堂恢宏博大、内容繁多,学生非常容易遗漏重要的历史时空信息,抓不住课堂重点,不知道如何理解历史的时空,缺乏思维的指导。于是,我在四年前尝试在初一年级推广用思维导图取代作业的活动。这个活动首先需要花两节课教授学生如何画思维导图和传授基本的历史知识(如公元纪年、天干地支纪年),然后通过每一节历史课引导学生用思维导图展现该课堂的框架和历史发展的时空脉络。一开始,学生基本不会画,都是模仿我的板书,后来随着练习的增多,出现了一两个优秀的学生作品。于是,我把优秀的学生作品发给全班学生点评,树立榜样。经过一年多的反复练习,到初二的时候,学生思维导图优秀率已经超过70%,对历史时空观念的理解更加深入,学起历史来也更加得心应手。

三、总结

在历史课堂上,教师应综合运用学科思维习惯(如知识迁移、总结归纳、历史时序、历史空间)、教学工具(如教科书、历史影视剧、历史时间轴)、教学方式(如对比、创设情境体验式教学)和随堂检测等多途径培养初中生的时空观念,以上各要素之间相互联系、相互影响,共同促进初中学生历史时空观念的形成。

参考文献：

［1］赵颖.西洋史对发展中学生历史核心素养的启示研究［D］.温州大学，2017.

［2］陈雪敏.从选考看高中历史复习教学中的时空观［J］.教学与管理，
2017（31）：71–73.

［3］张晓东.高中历史教学时空观的培养［D］.东北师范大学，2013.

［4］孙新红.高中历史教学时空观念的培养［D］.聊城大学，2017.

［5］邵家豪.高中历史教学中发展"时空观念"核心素养的实践研究［D］.
华东师范大学，2017.

［6］蔡春.高中历史教学中时空观念的培养［D］.扬州大学，2017.

［7］孙蓉.高中历史教学中时空观念的培养问题研究［D］.天水师范学院，2017.

［8］罗娇.高中历史教学中学生时空观念的培养研究［D］.四川师范大学，2017.

［9］张静.论历史教学中学生历史核心素养的培养［J］.成才之路，2017
（27）：38.

［10］王伟.基于核心素养之"时空观念"的培养——以北师大版的初中历
史教材为例［J］.教育观察，2018（06）.

［11］郭梦羽.历史时空观念素养提升路径研究［D］.哈尔滨师范大学，2017.

［12］曾红群.历史学科核心素养"时空观念"的定位与运用［J］.长春教育
学院学报，2017（33）：77–78.

［13］袁婕.历史学科核心素养之时空观念的培养及策略［D］.温州大学，2017.

［14］张俊青.时空观的历史关注与未来展望［J］.理论探索，2005（03）：
21–23.

［15］臧楚.中学历史教学中时空观念的培养［D］.山东师范大学，2017.

［16］杨海燕.中学历史教学中时空观念教学的实践研究［D］.广西民族大
学，2017.

浅谈初中生历史时空观念的培养

广东省河源市第二中学　彭君红

随着新课改的深入，中学历史教学越来越侧重于学生核心素养的培养。历史核心素养是学生在学习历史过程中逐渐形成的历史思维品质和思维能力。历史时空观念是历史核心素养的基础，教师可通过历史时间轴、大事年表、历史地图、对比图表和大历史观，培养学生的时空观念。

历史学科核心素养是指学生在学习过程中养成的相对稳定的、必备的、具有历史学科特征的思维品质和关键能力，是历史知识、能力、方法以及情感价值观的有机构成与综合反映，主要包括历史时空观念、史料实证、历史解释、唯物史观和家国情怀五个方面。历史时空观念是历史学科核心素养的第一要素，是指在特定的时间联系和空间联系中对事件进行观察、分析的观念。培养和发展学生的历史时空观念，使学生掌握史事发生、发展的具体时间和地理环境，使学生的历史思维能够在时空框架下运作，按照历史时间顺序和地理因素，建构历史事件、历史人物、历史现象之间的相互关联性，理解历史上的变迁、延续、发展、进步等意义，并对史事做出合理的解释，能够将认识的对象置于具体的时空条件下进行考查。

那么，如何有效培养学生的历史时空观念呢？我认为可以从以下几个方面培养学生的历史时空观念。

一、利用时间轴，搭建历史时空框架

历史是"发生在过去的，按一定时间顺序排列的事件"。历史学科的基础是时间，学习历史必须要有确切的时间观念。如果没有时间观念，学生在学习中就很容易产生遗忘或记忆混乱，也无法分析各个历史事件的内在联系。时间轴是依据时间顺序把单方面或多方面的事件串联在一起，可以形象、直观地体现事件的来龙去脉，便于学生梳理纷繁复杂的知识点，认识历史发展的进程和内在联系。

以中图版八年级上册《红色政权的创建》一课为例。本课主要介绍了大革命失败后，毛泽东、朱德、周恩来等革命先辈领导创建红色政权的主要史实，其中涉及的重大历史事件有八一南昌起义、秋收起义、井冈山革命根据地的创建、井冈山会师和在江西瑞金成立中国第一个红色中央政权。在讲这一课时，教师可以用多媒体出示时间轴，引导学生按时间顺序说出创建过程中的重大历史事件及其时间，建立历史时空观念，掌握红色政权创建的主要经过。

时间轴能够简洁明了地展示红色政权创建的时序性，既有利于学生理解和掌握事件始末，又有利于强化学生的历史时空观念，从而提高思考、解释历史的思辨能力。

二、利用大事年表，把握历史发展脉络

大事年表就是将诸多历史大事依时间先后顺序排列，把历史时间和历史事件有机地结合起来，以强化历史时空观念，更好地理解和掌握历史发展脉络，形成较为系统、完整的历史知识体系。

例如学习第二次世界大战时，由于涉及的事件多，学生易混淆事件发生的先后顺序，可把二战的内容按爆发、扩大、最大规模、转折、胜利的发展顺序完整地编制大事年表，帮助学生构建知识网络，提挈内容和要点，把握战争的发展脉络。

三、利用历史地图，把握事物发展概况

历史地图是历史教学重要的直观教具，形象、直观，是一种生动化、形象化的史料，起到文字难以达到的效果。不仅可以对教材内容进行诠释和说明，还可对教材起到补充作用。

在教学中充分运用各种历史地图，可以给学生直观的视觉感受，有助于学生形成明确的历史空间概念和空间思维能力，从而加强理解和记忆。比如，学习二战的诺曼底登陆这一内容时，可通过多媒体展示地图，让学生指出诺曼底的大概位置，然后动态显示诺曼底的位置和盟军登陆后与苏军配合作战，对德军形成东西夹击之势，加速德军的灭亡。利用动态图，不仅能吸引学生的注意

力，还有助于学生理解这一战役在反法西斯战争中的作用。如果离开地图，仅靠教师讲述，则很难让学生理解。

随着现代化教学手段的普及，历史地图将会更多地应用于历史教学，达到以图述史的效果，有效提高学生学习历史的兴趣，培养学生的时空观念。

四、运用表格法，加强知识类比

表格法就是利用表格来归纳整理教材知识，分类比较历史事件的一种方法。表格具有简明直观、条理清晰的特点，能够简化教材内容，构建完整的知识结构，帮助学生理解记忆。

如教师讲《诸子百家》这一课，在分别介绍了各学派的主要代表人物及其思想主张后，就可采用表格法对课堂进行小结，把诸子百家的各大学派、代表人物、代表作及其主要思想用表格的形式罗列，将知识点整理综合，化繁为简，一目了然，便于学生理解记忆。再如复习《近代化的探索》这一内容时，学生会因难以理解区别而出现知识混淆的现象。在教学中，教师可采用表格法，将洋务运动、戊戌变法、辛亥革命、新文化运动的背景、领导阶级、学习内容、影响等进行归纳、比较，帮助学生理解记忆，从而牢固掌握基础知识。

五、树立大历史观，关注历史时空交集

历史事件不是孤立存在的，而是纵横交错、相互联系的。在历史教学中，要树立大历史观，关注历史时空交集，加强历史之间的联系。

如世界史中，随着资产阶级革命和工业革命的完成，使欧美产生了巨大的社会变革，促进了资本主义的产生和发展。后来，由于资本主义发展的需要，欧美资本主义强国开始殖民扩张，侵略势力广泛深入亚非拉地区，如对中国发动了鸦片战争、甲午中日战争、八国联军侵华战争、日本侵华战争等。面对列强的入侵，中国人民开始了不屈不挠的抗争。通过联系，让学生掌握因果联系，形成完整的知识体系，开阔思维，以便更好地理解历史，掌握历史知识。

总之，掌握历史时空观念是学生学好历史最基本的要求，也是提高知识综合能力的基本途径。因此，在教学过程中，教师必须认真做好学生历史时空观念的培养。

参考文献：

［1］马建唐.历史教学中"时空观"的培养策略［J］.北方文学（中旬刊），2013（04）.

［2］艾宛虹.浅谈历史核心素养之时空观念在课堂教学中的运用［J］.中学历史教学，2017（05）.

［3］王伟.基于核心素养之"时空观念"的培养——以北师大版的初中历史教材为例［J］.教育观察，2018（03）.

"农耕文明"遇上"工业文明"

——基于历史核心素养之时空观念的《鸦片战争》教学设计

广东省深圳市龙岗区石芽岭学校　严慧君

一、教学分析

（一）教材分析

1. 课标要求

（1）讲述林则徐虎门销烟的故事。

（2）列举中英《南京条约》的主要内容，认识鸦片战争对中国近代社会的影响。

2. 教材内容

本课选自部编版教材八年级历史上册第一单元第1课，主要学习三部分内容：鸦片走私与林则徐禁烟、英国发动侵略战争和《南京条约》的签订。在鸦片战争以前，因受中国自然经济的抵制，英国在中英贸易中处于逆差状态。为了扭转这种局面，英国向中国大量走私鸦片。林则徐主持的禁烟运动触犯了英国的利益，因而成为鸦片战争爆发的直接原因。清政府终因腐败无能而在战争中失败，签订了包括《南京条约》在内的第一批不平等条约。从此，中国开始了半殖民地半封建的社会历程。

本课内容庞杂，头绪繁多，联系广泛，既有贯穿古代、近代的纵向联系，又有沟通中外的横向联系，还有战争、政治、经济、意识形态之间的相互关系。

3. 教材地位

鸦片战争是中国历史的转折点，是中国近代史的开端。它既是中国沦为半殖民地半封建社会的开始，也是中国人民奋起抗争、探索富强的开始。战争使得中国的自然经济开始解体，又为中国民族资本主义的产生提供了客观条件。

（二）学情分析

1. 学习习惯

初中二年级的学生经过一年的历史学习，已经掌握了利用时间轴把零散的历史知识巧妙串联并利用史料简单分析历史事件之间联系的能力。

2. 知识储备

学生已经熟知清朝以前的历史、对中国古代史有一定的积累，清楚地知道中国历史的延续性这一特点，但是对世界史知之甚少。

3. 思维特点

这个阶段的学生思维活跃，乐于表现，对新鲜的事物充满了强烈的好奇心，有主动学习的良好愿望，同时又存在着看待问题欠周到和重表象、轻实质等特点。

（三）核心素养与教学目标

素养类别	学习目标
时空观念	纵向：回顾中国古代史的脉络，特别是分析清朝的对外政策跟鸦片战争之间的关系
	横向：通过视频了解18世纪60年代至19世纪40年代的英国，对比鸦片战争前的中外形势
史料实证	通过史料分析《南京条约》给中国社会带来的屈辱
	通过分析史料，了解不同社会制度下的两个国家在经济、军事等方面的差异，并探寻英国发动鸦片战争的原因
历史解释	通过视频解读，了解18世纪60年代以后的英国率先完成了工业革命，急需拓展海外贸易、抢占中国市场、掠夺原料
	通过分析图片，了解鸦片战争的概况，掌握《南京条约》中割让领土和开通通商口岸的具体范围
唯物史观	学习鸦片战争，明白在对外关系中，只有综合国力强大才能立于不败之地
	回忆闭关锁国政策的影响，利用史料分析鸦片战争的影响，尝试用辩证的思维分析历史事件和看待历史人物
家国情怀	通过林则徐的故事，感受并学习林则徐等仁人志士反抗侵略、维护民族利益的斗争精神
	通过学习英国向中国走私鸦片的史实，认识主要资本主义国家在发展过程中给世界其他区带来的危害及影响

（四）教学重点与难点

1. 重点

鸦片战争前中外形势比较、鸦片战争和中英《南京条约》的危害。

2. 难点

鸦片战争和中英《南京条约》的危害。

二、教法与学法

微课教学、故事教学、史料教学、地图教学、小组合作学习。

三、课堂部分——教学实施

（一）创设情境，导入新课

播放学生自己录制的《中国古代史》时间轴讲解视频片段，直观生动，有强烈的吸引力，积极营造情境氛围，鼓励学生从历史中寻踪觅影，可以快速抓住学生的注意力，引导学生结合所学和史实一步步展开探究，从而很自然地导入本课。

设计思路：利用自制微课导入，引起学生的兴趣，学会利用丰富的学习工具。学生自制时间轴，学会搭建时空框架，激发探究的动力，进而导入新课。

（二）师生互动，学习新知

主题一：落日余晖与工业先驱——战争背景

（1）利用地图、图片和史料，分析鸦片战争前的中外形势。

设计思路：利用世界地图呈现中国、英国的相对位置，引起学生探究战争爆发的背景，勾连中英两国的空间关系。

（2）利用视频，了解工业革命后的英国。教师从工业革命导致世界的变化入手，将战前中外形势进行列表比较，进而分析中国禁烟运动和英国发动鸦片战争的原因。

战前中英形势比较

战前中英形势比较

		中国	英国
总体状况		处于封建社会末期，危机四伏	迅速崛起
	经济	自给自足的自然经济占统治地位	率先完成了工业革命，迫切需要广阔的海外市场和廉价原材料
	政治	专制主义中央集权达到顶峰	确立了资本主义制度
	外交	闭关自守	对外扩张，加紧殖民侵略
中英贸易状况（正当贸易）		贸易顺差（出超）	贸易逆差（入超）

设计思路：利用视频呈现工业革命后的英国现状，让学生以更直观、形象的方式了解同一历史时期不同国家之间的差别，以达到搭建时空框架的目的。同时利用图片、《材料研读》等资料，分析、对比战争前的中外形势。

（3）利用故事小讲堂，请学生分享《林则徐虎门销烟》的故事，引导学生思考、探究、辨析鸦片战争的直接原因和根本原因。

设计思路：通过林则徐的故事，感受并学习林则徐等仁人志士反抗侵略、维护民族利益的斗争精神。发挥学生的特长（班级故事小讲堂），培养学生的语言表达能力，同时引导学生辨析鸦片战争爆发的根本原因，学会透过历史现象探究事物的根源。

主题二：大国危机与扭转逆差——鸦片战争

（1）利用《鸦片战争形势示意图》，通过自荐和推荐的方式，请两组学生代表上讲台分别讲述鸦片战争过程中的两个阶段。理解武器装备的落后和清朝统治者的腐败无能是战争失败的主要原因，但是最根本的原因还是封建制度的腐朽和落后。

设计思路：建构历史时空观念，给学生提供舞台，既能展示学生的才华，锤炼学生的语言、文字组织能力以及表达能力，又能活跃课堂气氛，同时让学生通过小组合作，探究本课的重难点。

（2）利用人物图片等资料，了解鸦片战争过程中牺牲的民族英雄关天培等人。

设计思路：通过图片，感受战争时期涌现的民族英雄身上的民族气节。

主题三：丧权辱国与开启近代——战争影响

1. 战争结果

鸦片战争以清朝的失败结束。1842年8月，清政府被迫同英国签订了中国近代史上第一个丧权辱国的不平等条约——《南京条约》。

签订《中英南京条约》

2.《南京条约》的影响

（1）出示材料。

《南京条约》签订以后，西方资产阶级兴奋得"好像全都发了疯似的"。璞鼎查（英国军人及殖民地官员）回国后，告诉英国资本家说，他"已为他们的生意打开了一个全新的世界，这个世界是这样的广阔，倾兰开夏（兰开夏，英国英格兰西北部的郡，英国工业革命的发源地）全部工厂的出产也不够供给她一个省的衣料的"。

——李侃、李时岳、李德征等.中国近代史（1840–1919）（第四版），中华书局1994年版，第32页。

（2）探究问题。

① 结合《南京条约》的主要内容，谈谈你对"好像全都发了疯似的"的理解。

② 结合所学，通过《南京条约》的主要内容，分析璞鼎查理想的"广阔"的"全新的世界"是什么样子的。

探究方式：

第一，以日常6人学习小组为单位。

第二，每个小组在组长的组织下，针对问题开始探究。

第三，组长选派代表就本组的探究成果向全班同学做汇报。

设计思路：这样设计有助于拓宽学生分析时空的尺度，同时又考查学生阅读史料、搜集和处理历史信息的能力以及分析解决问题的能力，巧妙攻克了难点。

（3）以史为鉴。

引导学生讨论、思考：鸦片战争给后人留下怎样的启示？

如封闭所以落后、落后就要挨打、挨打必须思变、思变才能崛起等。

设计思路：引导学生通过对历史的学习，培养自己看待问题的态度，进而改变思考问题的方式，真正做到以史为鉴。

（三）课堂总结，梳理板书

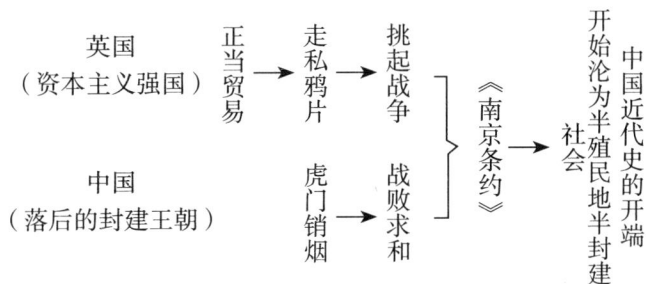

英国（资本主义强国）→ 正当贸易 → 走私鸦片 → 挑起战争

中国（落后的封建王朝）→ 虎门销烟 → 战败求和

《南京条约》→ 中国近代史的开端 开始沦为半殖民地半封建社会

板书

设计思路：培养学生的历史时空观念，搭建历史时空框架，培养创新思维。

（四）巩固提升，拓展延伸

让学生按小组进行"图说鸦片战争"，进行协作式学习。

学生6人一组，分成8组，每个小组利用网络、图书馆等资源选择一张与课本内容有关的图片，并为这张图片制作文字说明。说明应该包含时间、地点、图片反映的主要内容及对图片反映历史现象的评价等方面。

设计思路：一方面培养学生的合作能力，另一方面培养学生收集、分析、利用史料的能力，最重要的是让学生的学习和思维不受时间、空间的限制，同时也是发展历史时空观念教学策略的选择及实施。

四、课后部分——教学反思

在《鸦片战争》一课的教学中，基于准确、专业的学情分析之后，我重新解读教材，有针对性地调整设计。既充分利用教材特点，维护教材的严谨性和科学性，又努力为学生创设良好的学习氛围，在学习方法和途径上引导学生大胆尝试、勇于创新，为学生搭建舞台、提供平台、做好"后台"。在尊重八年级学生心理和思维特点的基础上，开展不同层次的教学活动，充分调动了学生"看、听、说、思、写"等各种感官，使学生的多元智能得到发展和完善。利用绘制时间轴、视频、史料、重点人物故事等资料，充分诠释历史时空观念、史料实证、历史解释、唯物史观和家国情怀等历史核心素养，这是历史时空观念教学策略及实施的必然选择。

基于学情培养七年级学生的历史时空观念

——以统编版七上《夏商周的更替》一课为例

广东省深圳明德实验学校　付华敏

根据《普通高中历史课程标准（2017年版）》，历史时空观念是在特定的时间联系和空间联系中对事物进行观察、分析的意识和思维方式。任何历史事物都是在特定的、具体的时间和空间条件下发生的，只有在特定的时空框架当中，才可能对史事有准确的理解。学业质量水平2是高中毕业生历史学科应该达到的合格要求，即时空观念的水平2是高中毕业生的最低要求。因此，对于刚进入初中接触历史学科的七年级学生来说，掌握水平1～2乃至水平3～4程度的历史时空观念是一个漫长而又艰难的过程。无论是历史时空观念还是其他历史学科核心素养的培养，都必须基于初中生的历史学情，一切从实际出发。有位一线教师从表达历史时序、表达历史地理空间和时空结合理解历史三个角度设计了调查问卷。从调查结果得知，当前初中生时空观念核心素养普遍欠缺，很大程度由初中生的学情所限。[①]

七年级学生学习历史的基本学情是基础知识薄弱、零散，但学习兴趣较大；历史方法掌握较少，但好奇心、探究动力较强；抽象思维水平较低，但直观形象思维活跃；语文、地理学科提供的知识不能满足历史教学的地图和史料阅读需要，但在稳定增长；认知水平较低，学习习惯有待养成，但可塑性强，改进空间大。基于此学情，培养七年级学生的历史时空观念应扬长避短、循序渐进，以学生为中心进行教学设计，从学生的认知特点和思维水平出发，创设

[①] 陈亚.初中生"时空观念"核心素养认知情况分析和对策［J］.中华少年,2018（13）.

问题情境，激发学生学习历史的能动性，培养学生地图、时间轴和史料研读等基本方法与能力，将历史感悟升华为历史理性。下面以统编版七（上）第4课《夏商周的更替》一课为例，谈谈我在历史时空观念培养方面的困境与对策。

一、从零出发，培养学生认知地图、运用时间轴

历史时空观念的逐渐形成离不开对地图和时间轴的运用，历史学科的学习需要有一定的地理学科基础和数学思维。七年级学生刚开始学习地理，而且是从世界地理开始学习，不利于中国历史的学习。所以，在运用地图时，必须尽量简单，并跟学生讲清认识历史地图的基本方法，带领学生熟识中国地图的基本轮廓和主要地形地貌。在运用时间轴的方法教学时，学生认识到历史在向前发展是基本前提，因此只有一条向前的数轴，而某个具体史事是时间轴上的一个点，某段历史时期是时间轴上的一个线段，历史时期的更迭形成了历史发展的轨迹。学生需掌握不同时期的地图变迁和时间轴上此起彼伏的基本史事，才能理解"特定的史事是与特定的时间和空间相联系的"。

夏商周是我国国家产生和发展的重要时期，七（上）第4课《夏商周的更替》承上启下，信息容量非常大，历史时间跨度很长，是第二单元的总括，也是线索梳理、建立历史时空观念的关键一课。导入后第一步是从空间上认识到夏商周势力范围的变迁，通过三幅形势图的动画使学生知道自古以来中国地图的基本轮廓，认识到从夏到商再到西周，势力范围逐渐扩大，为西周分封制的背景理解奠定基础，也形成基本的空间观念。随着历史发展，疆域会发生变化，和周边少数民族的关系也会不同。空间观念就是要了解历史所发生的地点、区域、范围等，这涉及历史上人类活动的场所和舞台。从而发现错综复杂的历史现象本身存在的横向或纵向的联系，以及个别与整体、局部与全局的联系。[1]

---

① 朱汉国.历史学科核心素养释义［J］.历史教学（上半月刊），2018（03）.

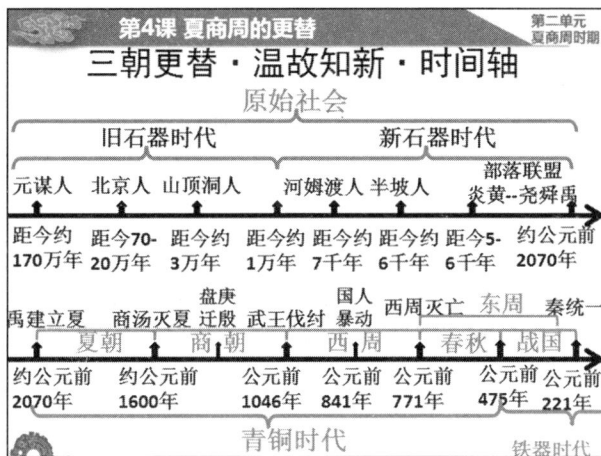

夏商周的更替

学案是帮助学生梳理史事脉络、培养学生自主学习能力的教学方法，在课堂容量大时尤为重要。因此，本课把握时间观念，需要在学生预习、完成学案的基础上，用时间轴（详见上图）从第一单元开始梳理史事脉络，建构知识体系。既起到了温故知新的作用，又使学生认识到历史发展的时序性，知道朝代更替的原因，培养学生历史分期的两种方式——按照社会形态和生产力（生产工具）来划分。时序观念就是要将历史事物放在历史发展的长河中进行观察和认识，认清历史发展的全过程，辨明它在每一个发展阶段上有什么新特点，寻找前一过程转变为后一过程的原因。①

二、善用史料，创设问题情境

通过图片和文字史料创设问题情境，培养学生能够在不同的时空框架下对史事做出合理解释的能力，能运用时空观念来分析和解释历史是历史时空观念素养水平3和水平4的要求。七年级学生形象思维强的认知特点决定了教学的直观性原则，图片史料更有利于学生提取历史信息。七年级历史（上、下）的教材内容是中国古代史。中国古代史的学习离不开对文言文史料的信息提取、理解和阐释，而语文学科方面还未培养学生足够的文言文阅读能力。因此，在学案上对文言文史料做好一定的翻译工作更有利于学生探究历史问题。

---

① 朱汉国.历史学科核心素养释义［J］.历史教学（上半月刊），2018（03）.

《夏商周的更替》一课的教学难点之一是理解夏朝的建立标志着中国早期国家的诞生，即为什么夏不是部落联盟而是国家了。展示如下两幅图片，请学生观察禹的变化。有学生认识到，治水时期的大禹处于部落联盟时期，而后凭此功绩继任舜成为部落联盟首领，而带冠冕的禹已经是国王了，说明国家夏的诞生。

第4课 夏商周的更替　　第二单元 夏商周时期

一、夏朝的建立与"家天下"

大禹治水　　　　　戴冠冕的夏禹
部落联盟首领 ➡ 国王

- 这两幅画像中的人物是同一个历史人物吗？　是
- 这两幅画像有何不同？能说明什么问题？　禹建立夏 国家诞生

第4课 夏商周的更替　　第二单元 夏商周时期

茫茫禹迹，画作九州。——《左传》襄公四年
夏有乱政，而作禹刑。——《左传》昭公六年
鲧筑城以卫君，造郭以居人，此城郭之始也。
——《淮南子·原道训》

夏巩固统治的措施有哪些？
为什么说夏不是部落联盟而是国家了？

（1）措施：夏朝把天下划分为"九州"进行统治；建立军队，制定刑法，设置监狱，出现了镇压的刑罚；统治者筑城郭以保护自己。
（2）标志着我国早期奴隶制国家机器诞生了。
部落联盟是父系氏族后期，以血缘关系为纽带，所以夏朝不是部落联盟而是国家。

夏朝的建立与"家天下"

结合在学案上已译好的文字材料来探究早期国家的重要标志，使学生认识到夏朝的社会形态从原始社会末期过渡到了奴隶社会，并请学生展开讨论："你认为从原始社会的氏族部落发展到奴隶制国家，世袭制代替禅让制是历史的进步还是倒退？为什么？"这个问题的实质是解释时间概念和历史进步的原因。从教学效果来看，充分调动了学生的探究能动性；从教学方法来看，培养

了学生基本的唯物史观——生产力的发展是判断历史进步与否的根本标准，有利于学生理解历史向前发展的动力。

禹身份的变化、部落联盟到国家的建立、"公天下"变成"家天下"、世袭制代替禅让制、原始社会到奴隶社会，这些因素的变迁都是历史的时间概念，而且史事的发生基于夏朝的形势范围内。故而，合理的问题情境创设、有效明了的史料，是学生能够按照历史时间顺序和地理因素建构历史事件、历史人物、历史现象之间的关联性，理解历史进步的意义。同时，历史学科五大核心素养是一个有机的统一整体，时空观念的培养也离不开史料实证、历史解释、唯物史观乃至家国情怀素养的综合培养。

三、以小见大，探寻历史发展规律

能够把握相关史事的时间、空间联系，运用特定术语对较长时段的史事加以概括和说明，乃至从历史长河中把握历史发展规律，是时空观念素养水平3～4的要求。七年级学生年仅12岁，不仅人生经历短暂、社会阅历浅显、看问题有很大的局限性，而且抽象思维发展程度不高，从横向和纵向联系历史事物提取共同点、从宏观理解历史发展规律的能力欠缺。

在学习了夏商周三朝更迭史事后，学生在结合史料知道"国人暴动"基本史事（公元前841年，因不满周厉王的暴政，西周首都镐京以平民为主体发生的暴动）的前提下，提问："为什么西周后期和夏末、商末一样，发生了暴动？我们可以得出什么启示？"从"国人暴动"的原因，再追溯到夏桀、商纣王的暴政，使学生归纳出暴政激化了社会矛盾，引起了人民的不满与反抗，这是夏商和西周灭亡的重要原因。引导学生得出对现代社会依然有借鉴作用的启示：统治的稳定需要人民的支持，"得民心者得天下"。以小见大，见微知著，将历史感悟升华为历史理论，更符合七年级学生的认知特点。引领学生通过历史学习，认清历史发展规律，对历史与现实有全面、正确的认识，形成实事求是的科学态度以及正确的世界观和历史观，这是2017年历史新课标的基本理念。

四、以学生为中心，激发历史学习能动性

以学生活动为平台，调动学生学习历史的兴趣，充分发挥初中生的主体地

位[①]，提高课堂有效性，做有人性的历史教育。七年级学生刚学习历史学科，缺乏系统的历史知识体系，缺少史学方法训练，但他们最大的优势是对历史学科充满好奇与热情。一线教师需要做的是在尽量保持、激发学生对历史兴趣的前提下，以学生为主体，从学生的角度进行教学设计，并在课堂教学中多鼓励，及时进行正面、有效、形式多样的教学评价。

夏商周的更替

本课西周灭亡的知识点，以大家非常熟识、感兴趣的"烽火戏诸侯"故事为切入点，请学生讲故事后探究两个小问题："周幽王让诸侯来，诸侯为什么不再来了？周幽王为什么想改立褒姒之子而不能？"问题提出后，非常多的学生积极回答。不少学生认为，像《狼来了》的故事一样，诸侯受欺骗后不再来了。教师在给予学生肯定的情况下，引导学生结合刚讲的分封制知识从历史角度深入思考问题。诸侯有服从天子调兵的义务，若不从则会有相应的削爵乃至被剿灭的危险，从而使学生认识到诸侯不怕违抗周幽王的命令，是因为西周末年王室逐渐衰微。周幽王废太子，不遵守礼制，引来犬戎族的攻打，导致公元前771年西周灭亡，这为第6课春秋"攘四夷"的学习奠定了基础。同时，一张简单的周代徙都图使学生能够识别历史地图中的相关信息。镐京在西，公元前

---

① 陆丽芳.基于学情分析的初中历史"学讲"课堂教学模式的研究［J］.文理导航（上旬），
  2017（04）.

770年周平王东迁后的都城在镐京以东的洛邑（今洛阳），使学生明白西周、东周在历史上特定称谓的来源，知道古今地名的区别。

要做到让学生不仅喜欢历史，而且喜欢历史课，就要做到有效并且有趣地教学，教师在设问或选用历史材料时，应把握学生的兴趣特点[①]。基于学情，说到底也是以学生为中心，创建以学生为中心的课堂，要营造开放、快乐的学习环境，激发学生的好奇心，鼓励学生提问、自主发现。教师应站在学生的角度，倾听他们的问题[②]。

总之，培养学生分析地图、制作时间轴和史料研读等基本方法与能力，将历史感悟升华为历史理性，这样的历史教育才不僵化、不应试、不脱离学生与实际，是生动有效、充满人性与理性的历史教育。

---

① 潘学跃.从学生的心理特点出发落实"过程与方法"目标［J］.历史教学问题，2010（01）.

② 赵亚夫.浅议以学生为中心的历史教学评价［J］.历史教学（上半月刊），2015（06）.